Chico Xavier
O HOMEM,
A OBRA E AS
REPERCUSSÕES

CB016837

COEDIÇÃO

EDITORA
EME

U.S.E.

Solicite nosso catálogo completo, com mais de 350 títulos, onde você encontra as melhores opções do bom livro espírita: literatura infantojuvenil, contos, obras biográficas e de autoajuda, mensagens espirituais, romances palpitantes, estudos doutrinários, obras básicas de Allan Kardec, e mais os esclarecedores cursos e estudos para aplicação no centro espírita - iniciação, mediunidade, reuniões mediúnicas, oratória, desobsessão, fluidos e passes.

E caso não encontre os nossos livros na livraria de sua preferência, solicite o endereço de nosso distribuidor mais próximo de você.

Edição e distribuição

EDITORA EME

Caixa Postal 1820 - CEP 13360-000 - Capivari - SP

Telefones: (19) 3491-7000 | 3491-5449

Vivo (19) 9 9983-2575 | Claro (19) 9 9317-2800

vendas@editoraeme.com.br - www.editoraeme.com.br

ANTONIO CESAR PERRI DE CARVALHO

O HOMEM, A OBRA E AS REPERCUSSÕES

Capivari-SP | 2019

A Editora EME mantém o Centro Espírita "Mensagem de Esperança" e patrocina, junto com outras empresas, instituições de atendimento social de Capivari-SP.

1ª reimpressão - julho/2019 - de 2.001 a 3.000 exemplares

CAPA | André Stenico
PROJETO GRÁFICO E DIAGRAMAÇÃO | Marco Melo
REVISÃO | Editora EME

Ficha catalográfica

Carvalho, Antonio Cesar Perri de, 1949
Chico Xavier - o homem, a obra e as repercussões / Antonio Cesar Perri de Carvalho - 1ª reimp. jul. de 2019 - Capivari, SP: Editora EME/Edição USE São Paulo.

224 p.
1ª edição : mar. 2019
ISBN 978-85-9544-095-1

1. Espiritismo. 2. Vida e obra de Chico Xavier.
3. Homenagens póstumas. 4. Fotos.
I. TÍTULO.

CDD 133.9

SUMÁRIO

APRESENTAÇÃO

A 1ª EDIÇÃO DESTA obra foi lançada em 1997, época em que Chico Xavier completava 70 anos de práticas mediúnicas.

O livro editado pela União das Sociedades Espíritas do Estado de São Paulo teve boa circulação e foi entregue em mãos ao homenageado. Inclusive se encontra na Biblioteca de Obras sobre Chico Xavier na "Casa de Chico Xavier", em Pedro Leopoldo.

Quando nos estimularam para reedição deste livro e eventualmente procedendo a alguma atualização, o primeiro pensamento que nos ocorreu foi de não alterar o conteúdo constante da 1ª edição. Em nossa ótica valorizamos o fato de que o livro foi publicado enquanto Chico Xavier estava encarnado e que ele teve conhecimento de nossos registros.

A partir dessa premissa planejamos manter o citado conteúdo como sendo a Parte 1 da nova versão, reunindo os registros e observações relacionados com os aspectos humanos e a obra psicográfica de Francisco Cândido Xavier.

Assim, nessa obra a Parte 2 passa a ser inédita.

Profundo admirador da vida e da obra de Chico Xavier

nesses 16 anos após sua desencarnação vivemos momentos excepcionais acompanhando fatos históricos e repercussões relacionadas com o médium que consideramos um "divisor de águas no movimento espírita brasileiro". Nas condições de diretor e presidente da Federação Espírita Brasileira e membro da Comissão Executiva do Conselho Espírita Internacional tivemos empenho em valorizar os exemplos de vida e os livros psicográficos de Chico Xavier em vários níveis de atuação e de trabalhar pela divulgação e estudo de seus livros.

Reunimos episódios e comentários relacionados com fatos que vivenciamos após a desencarnação de Chico Xavier. Todos os relatos estão fundamentados não apenas na nossa visão, mas são localizáveis nas publicações, como livros e periódicos espíritas do período do ano de 2002 até nossos dias.

Como preparativos para as comemorações do Centenário de nascimento de Chico Xavier e depois em desdobramentos desta efeméride, tivemos oportunidade de conviver com os ambientes em que Chico atuou em Pedro Leopoldo e em Uberaba, conhecer vários de seus colaboradores e de entrevistá-los para a revista *Reformador* e para a elaboração do livro *Depoimentos sobre Chico Xavier* (FEB, 2010).

Na fase do Centenário de Chico Xavier e durante nosso período na presidência da FEB, Pedro Leopoldo ganhou um grande destaque no movimento espírita, sediando inúmeros eventos.

Até nossos dias, as belas e ricas lembranças do médium, oriundas das visitas constantes que fazíamos à Comunhão Espírita Cristã e ao Grupo Espírita da Prece, são muito vivas em nossa memória.

Pelo conjunto de momentos próximos ao Chico e vivenciando as repercussões de sua ação benfazeja, sentimo-nos privilegiado e com o forte compromisso de divulgar e estimular a valorização da história de vida e da magnífica obra mediúnica de Francisco Cândido Xavier.

Aí a justificativa de uma 2ª edição, praticamente uma nova versão, porque à ênfase que demos aos aspectos humanos e à obra de Chico na 1ª edição, agora acrescentamos 16 anos de repercussões após sua partida para o Mundo Espiritual.

São Paulo, janeiro de 2019.

Antonio Cesar Perri de Carvalho

À GUISA DE PREFÁCIO

"SOU SEMPRE UM CHICO Xavier lutando para criar um Chico Xavier renovado em Jesus e, pelo que vejo, está muito longe de aparecer como espero e preciso..."[1]

- 2 de abril de 1910 – Nasce Franscisco Cândido Xavier, em Pedro Leopoldo (MG).
- 8 de julho de 1927 – Primeira psicografia de Chico Xavier, em Pedro Leopoldo (MG).
- 8 de julho de 1932 – A Federação Espírita Brasileira lança

1. Ver capítulo "Cinquentenário da Mediunidade".

sua primeira obra mediúnica: *Parnaso de além-túmulo*.

- 30 de junho de 2002 – Desencarna em Uberaba (MG).

Uberaba, 8-2-76

Caro Cesar, querido amigo:

(...) pela possibilidade de cumprir esse agradável dever. Digo assim, caro amigo, porque bem me reconheço na simples condição de servidor dos servidores de nossa Causa e em semelhantes solenidades, outro não é o meu lugar senão o de servidor muito pequenino para recolher documentos importantes e entregá-los aos legítimos donos.

A você e Célia, Daniel e Gustavo, um abraço muito afetuoso do irmão e servidor reconhecido de sempre. Chico

Parte 1

O homem e a obra

Capítulo 1.1

POR QUE O HOMEM E A OBRA[2]

NO ANO QUE FRANCISCO Cândido Xavier completa 70 anos de atividades mediúnicas, e transcorre o cinquentenário do livro *No mundo maior*, nos entusiasmamos em registrar nossas observações sobre aspectos humanos e das obras do médium considerado "fenômeno psíquico do século".

A lembrança dos 50 anos da publicação do livro citado já antecipa muito sobre o que representa a produção psicográfica de Chico Xavier. Em 1947, esta obra pioneira colocava o espírito como raiz de problemas do cérebro e das psicopatias; abordava a questão da intervenção do homem nos cromossomos, inclusive para a determinação do sexo do embrião e, entre outras questões, destacava as desastrosas consequências espirituais do aborto. Os temas de *No mundo maior* são assuntos do momento!

Durante cerca de vinte anos, visitamos Chico Xavier com assiduidade, nas reuniões da Comunhão Espírita Cristã, do Grupo Espírita da Prece e nas peregrinações, em

---

2. Este capítulo foi a Apresentação da 1ª edição desta obra, redigido em: São Paulo, agosto de 1997.

Uberaba. Costumeiramente éramos convidados para falar durante as longas reuniões. Depois, estando próximo a ele, ouvimos muitos comentários oportunos sobre as mensagens recebidas e durante seus atendimentos. Muitas vezes, ele interrompia algum comentário e se dirigia à nossa pessoa. Outras vezes, em sua residência privamos de momentos alegres e interessantes. Consideramos um privilégio ter desfrutado desse contato enquanto ele estava a todo vapor em suas tarefas.

A cada vez que voltávamos de Uberaba, escrevíamos algo sobre ele nos jornais de Araçatuba e em alguns periódicos espíritas. Dois livros de nossa autoria[3] contêm referências a Chico Xavier e, aliás, em ambos ele passou uma vista d'olhos, estimulando-nos a publicação.

A figura de Chico Xavier como pessoa é muito pouco conhecida. Tende-se a idolatrá-lo, esquecendo-se de reações mais simples e naturais do ser humano e que, no caso dele, são muito ricas e interessantes. Quando Chico Xavier completou 50 anos de labores mediúnicos, ele humildemente declarou a um jornal espírita: *Sou sempre um Chico Xavier lutando para criar um Chico Xavier renovado em Jesus e, pelo que vejo, está muito longe de aparecer como espero e preciso...*[4]

A simplicidade e a espontaneidade de Chico Xavier assumem grande realce e fazem destacar sua ímpar figura humana.

Em vários momentos nos comovemos. Entre outros na

---

3. Estamos nos referindo a *Em louvor à vida*, 1a. edição em 1980, que depois foi ampliado e reeditado com Divaldo Pereira Franco, e a *Os sábios e a sra. Piper*, Matão: O Clarim, 1986.
4. Vide o capítulo "Cinquentenário da mediunidade de Chico".

conversa coloquial quando nos conhecemos, nas dedicatórias de livros que nos redigiu de maneira bem informal, em gentilezas e oferta de mimos por ocasião do nascimento de nossos filhos, no atendimento carinhoso que dispensou a vários familiares e amigos e as correspondências, incluindo a remessa mensal de um pacotinho de mensagens. Nos seus atendimentos, principalmente na "peregrinação" assistimos a cenas muito humanas e cristãs. São aspectos de Chico Xavier como pessoa.

Atenção de Chico com dois filhos e irmão do autor (1977)

Chico com Gustavo, filho do autor (1985)

Chico com Daniel, filho do autor (1986)

Quando obtivemos um exemplar da histórica 1ª edição de *Parnaso de além-túmulo*, solicitamos seu autógrafo. Sempre gentil, anotou de forma bem-humorada:

Aos queridos amigos Cesar Perri de Carvalho e Célia entrego, afetuosamente, este livro, pedindo-lhes desculpas pelo atraso de cinquenta e três anos. Sempre reconhecidamente, Chico Xavier. Uberaba, 16/11/85.

É um agradável registro histórico.

Como médium, destacamos a sua dedicação e persistência ao labor por tempo tão prolongado. Portador de vários dons mediúnicos, inclusive, testemunhamos a aplicação de passes por ele com o consequente aroma de rosa no ambiente. Todavia, soube dar prioridade à sua tarefa maior, a psicografia.

O engajamento de Chico Xavier à divulgação do livro fez-se presente em inúmeros momentos. Mas, há um registro notável. Por ocasião da pioneira I Exposição do Livro Espírita, realizada na Galeria Prestes Maia, em São Paulo, em 1955, com o copatrocínio da USE, Chico Xavier não pôde comparecer, mas escreveu apoiando o evento de várias formas, inclusive: *...Nós, companheiros do Centro Espírita Luiz Gonzaga, daqui de Pedro Leopoldo, em modesta associação, pedimos licença para enviar ao grande cometimento, o nosso pequenino concurso, no cheque incluso de duzentos cruzeiros, que representa apenas nossa insignificante boa vontade*[5].

As nossas observações, sobre Chico como pessoa, têm saído vez por outra na imprensa e em nossas palestras. Há

---

5. Revista Cena. São Paulo, mar-abr./1955. Também em: Eduardo Carvalho Monteiro e Natalino D 'Olivo, *USE - 50 anos de Unificação*, São Paulo: Ed.USE, 1997, p. 174.

uma certa idolatria em torno de Chico, o que não confere com sua maneira de ser. Em muitas ocasiões escrevemos sobre sua monumental obra psicográfica. Daí a ideia de escrever sobre o homem e a obra, reunindo registros e refundindo algumas matérias que já publicamos. Ao alinhavar estes subsídios, tivemos momentos de caríssimas recordações. Entre tantas criaturas benquistas dos tempos de visitas a Uberaba homenageamos nossos antigos amigos, o casal Zilda e Weaker Batista, dedicados colaboradores de Chico Xavier.

Chico Xavier – O homem e a obra, não é biográfico. Trata-se de uma contribuição aos inúmeros subsídios já publicados sobre o conceituado médium. Cremos que os casos relatados, envolvendo nuances de Chico como pessoa, e a análise de aspectos de sua obra, no conjunto, ofereçam matérias para nossas reflexões como indivíduo e como dirigentes espíritas.

A nossa intenção é de oferecer informações sucintas, de forma leve, mas que sejam úteis, inclusive, para grupos de estudo nas instituições espíritas. Na atualidade, há correntes educacionais modernas que estimulam o ensino baseado em problemas. Aqui, os problemas seriam os casos e a experiência de vida. Cremos que a vivência do notável obreiro da fraternidade e sua portentosa obra mediúnica, constituir-se-ão em matéria para metabolização a longo prazo, por parte da família espírita e da Humanidade. Há claras propostas traçadas para um novo homem e para a construção de uma nova sociedade.

Autógrafos em 1994

A longevidade de Chico Xavier, com o respaldo de 70 anos de intercâmbio mediúnico, é o atestado de quanto a relação entre a humanidade encarnada e a desencarnada pode realizar em favor do bem da Humanidade.

Chico Xavier não se julga um ser privilegiado. No entanto, nós somos, pelo fato de sermos contemporâneos de alguém que tem sido intermediário do conhecimento espiritual e da exemplificação do amor.

Capítulo 1.2

NUM DOMINGO DE CALOR

COMO ARAÇATUBENSE E ATUANDO no movimento espírita da região, sempre ouvi constantes referências a Benedita Fernandes.

Benedita iniciou labores assistenciais em Araçatuba no final dos anos 20, depois de ser curada de pertinaz obsessão por um carcereiro espírita da cidade de Penápolis. Aos 6 de março de 1932 fundou a Associação das Senhoras Cristãs, em Araçatuba, que passou a ser uma das obras pioneiras na assistência social espírita na região da alta Noroeste e na área do atendimento à saúde mental, por espíritas, no Estado de São Paulo. As tarefas se desenvolveram e até sua desencarnação, ocorrida aos 9 de outubro de 1947, Benedita Fernandes foi alvo da admiração da população e do respeito das autoridades.

Jovem e entusiasmado pela doutrina, apreciei muito o lançamento do *Anuário Espírita 1964*, pelo IDE.

Todavia, uma das matérias que me chamou a atenção foi a página "Num domingo de calor", psicografada por Francisco Cândido Xavier:

Benedita Fernandes, abnegada fundadora da Associação das Senhoras Espíritas Cristãs, de Araçatuba, no Estado de São Paulo, foi convidada para uma reunião de damas consagradas à caridade, para exame de vários problemas ligados a obras de assistência. E porque se dedicava, particularmente, aos obsidiados e doentes mentais, não pôde esquivar-se.

Entretanto, a presença da conhecida missionária causava espécie.

O domingo era de imenso calor e Benedita ostentava compacto mantô de lã, apenas compreensível em tempo de frio.

- Mania! - cochichava alguém, à pequena distância.

- De tanto lidar com malucos, a pobre espírita enlouqueceu... - dizia elegante senhora à companheira de poltrona, em tom confidencial.

- Isso é pura vaidade, - falou outra - ela quer parecer diferente.

- Caso de obsessão! - certa amiga lembrou em voz baixa.

Benedita, porém, opinava nos temas propostos, cheia de compreensão e de amor.

Em meio aos trabalhos, contudo, por notar agitações na assembleia, a presidente alegou que Benedita suava por todos os poros, e, em razão disso, rogou a ela que tirasse o mantô por gentileza.

Benedita Fernandes, embora constrangida, obedeceu com humildade e só aí as damas presentes puderam ver que a mulher admirável, que sustentava em Araçatuba dezenas de enfermos, com o suor do próprio rosto, envergava singelo vestido de chitão com remendos enormes.

Hilário Silva

(Página inédita, recebida pelo médium Francisco Cândido Xavier, em reunião da noite de 27/7/63)[6].

---

6. *Anuário Espírita* 1964, Araras: IDE, p. 49.

Tempos depois providenciamos a duplicação da referida mensagem em evento realizado pela União Municipal Espírita de Araçatuba, em homenagem aos 20 anos da desencarnação de Benedita Fernandes.

Recém-empossado como presidente desse órgão municipal da USE demos início em 1971 a uma "coluna espírita" no jornal *Tribuna da Noroeste*, da mesma cidade.

Um fato inusitado veio a acontecer.

Em matéria sobre Benedita Fernandes, transcrevemos trechos da mensagem "Num domingo de calor". Qual não foi nossa surpresa quando, dias depois, a direção do Sanatório Benedita Fernandes - que vinha mantendo a instituição distanciada do movimento espírita -, publicou uma carta no mesmo periódico, não aceitando que Benedita teria usado roupas com remendos, como se fôssemos o autor da informação e tomando o fato como uma ofensa!...

Nossa resposta foi imediata e publicada no mesmo *Tribuna da Noroeste*, onde esclarecíamos que vários contemporâneos de Benedita tinham a lembrança de que ela usava roupas de chitão e apenas havíamos transcrito mensagem psicografada por Chico Xavier, onde consta ... *chitão com remendos enormes*. Aproveitamos o ensejo para divulgar mais ainda a mediunidade de Chico.

Logo depois, a diretora do Sanatório, conhecida de nossa família, reviu sua posição e passou a tecer considerações elogiosas à nossa pessoa e estabeleceu-se um contato pessoal.

Com o tempo, houve uma reaproximação do Sanatório Benedita Fernandes com o movimento espírita, inclusive com o início de reuniões espíritas no hospital. Vários eventos foram efetivados em parceria com o órgão de unificação que dirigíamos. Por ocasião de uma semana alusiva ao cinquentenário da Associação das Senhoras Cristãs, promoção da então União Intermunicipal Espírita de Araçatuba e do Sanatório, lançamos livro biográfico de Benedita Fernandes - *Dama da Caridade*[7].

Aí está, em função de polêmica provocada por mensagem psicografada por Chico Xavier conseguimos uma reaproximação com obra fundada por Benedita Fernandes.

Benedita Fernandes com vestido de chitão (1947)

7. 1a. edição, Araçatuba: União Intermunicipal Espírita de Araçatuba, 1982; 2a. edição, São Paulo: Ed.Radhu, 1987; Obra reeditada com ampliação: Carvalho, Antonio Cesar Perri de. *Benedita Fernandes. A dama da caridade.* Araçatuba: Ed.Cocriação/USE Regional de Araçatuba. 2017.

Capítulo 1.3

AUTOEXALTAÇÃO

NO PERÍODO QUE CHICO Xavier atendia numeroso público sempre notei que muitos dirigentes e médiuns o procuravam para que ele referendasse suas ações e propostas.

Nas conversações descontraídas e nas orientações, percebe-se muita sutileza e vivacidade. Após um convívio tão íntimo com várias Entidades Espirituais, nada mais natural que o cidadão Francisco Cândido Xavier seja portador de razoável bagagem no tocante ao entendimento dos problemas humanos. Muita sabedoria transparece em diálogos informais e tiradas pitorescas.

Geralmente, Chico Xavier não entrava em detalhes, mas dirigia algumas palavras de estímulo.

Em alguns momentos, falava clara e diretamente dando sua opinião. Outras vezes, falava por evasivas e via-se que nem todos compreendiam o alcance de suas palavras suaves.

Nos atendimentos após a reunião da Comunhão Espírita Cristã, em Uberaba, em novembro de 1973, acompanhamos os diálogos de Chico.

Chegou a vez de um dirigente de obra assistencial de

outro Estado. Este, entusiasmado, fez uma descrição da instituição e de seu porte.

Depois de, pacientemente, escutar o relato de autoexaltação, o estimado médium arrematou: – *Você demorará muito tempo para chegar onde pensa que está.*

Capítulo 1.4

MÚSICA E RIBALTA

O GOSTO DE CHICO Xavier por música sempre foi conhecido. Durante as sessões de psicografia e em sua residência sempre houve música de fundo.

Certa feita, solicitou que conseguíssemos uma cópia de "O mágico de Oz", no que foi atendido.

Vários *long-plays* foram lançados com mensagens psicografadas por Chico e alguns tendo a voz do próprio na leitura.

Em dezembro de 1973, aconteceu um fato de grande impacto para a área.

A gravadora CBS lançou o *long-play* "Preces e Mensagens", com Francisco Cândido Xavier lendo mensagens como: Louvor e súplica, Familiares queridos, Conversa com Jesus, Gratidão por amigos, Cultivando paciência e outras, tendo ao fundo músicas de Roberto Carlos. Em seguida surgiu a versão em fita cassete. Os lançamentos foram um sucesso!

É sabido que o famoso cantor Roberto Carlos nutre respeito e gratidão por Chico Xavier. Pouco antes, aconteceram vários encontros em função do apoio e assistência que

Chico prestava em função dos problemas de visão do filho do cantor.

Ao final de uma das primeiras reuniões do Grupo Espírita da Prece, em plena madrugada, acompanhávamos Chico Xavier até a saída, quando ele foi interrompido por uma pessoa. Esta era portadora de uma carta a ele dirigida.

Chico, atenciosamente parou, abriu a carta e escutou também o recado que trazia o portador da correspondência. Alguém pedia que ele intercedesse junto a Roberto Carlos para a realização de um festival beneficente.

Esse instante, foi uma das poucas vezes em que vimos Chico Xavier ter uma expressão mais enérgica em público.

Chico desculpou-se com a pessoa porque não iria de forma alguma atender aquela solicitação e a certa altura foi incisivo: *Eu não sou da ribalta...*

Capítulo 1.5

É O CHICO...

EM ABRIL DE 1971, estivemos acompanhando uma tarde de autógrafos de Chico Xavier na Fundação Marietta Gaio, no Rio de Janeiro. Estávamos com nossa genitora e os tios Suzy e Lourival Perri Chefaly. Era véspera de uma viagem à Inglaterra onde nosso tio iria buscar tratamento especializado e nós o acompanharíamos. Chico Xavier foi extremamente atencioso e transmitiu recados de estímulo do dr. Bezerra de Menezes.

Em visita que acompanhamos nossos tios à Comunhão Espírita Cristã, em julho de 1974, Chico se desdobrou em atenções. Segurou-nos até o final do atendimento e com o dia já raiando, eram quase seis horas da manhã, Chico fez questão de nos acompanhar até o carro.

Um fato inusitado e pitoresco veio acontecer no dia 1º. de dezembro de 1974.

Nosso tio estava acometido de nevralgia do trigêmeo, em decorrência de lesões tumorais e, acompanhado de sua esposa e dos irmãos Bebé, Rolando e Walter, foi levado ao encontro de Chico Xavier que se encontrava hospedado no Rio de Janeiro. Ao entardecer daquele domingo Chico Xavier concederia autógrafos em Niterói.

Por uma série de razões, não foi possível conversarem com o médium e todos voltaram frustrados e ele com as dores exacerbadas.

O fato chegou ao conhecimento de Chico Xavier. Aconteceu a tarde-noite de autógrafos de Niterói e, em seguida, o inimaginável...

Por volta das quatro horas da manhã soou a campainha do apartamento de nossos tios, em Copacabana. Não vendo ninguém pelo visor da porta (o visitante era de baixa estatura), a tia Tida perguntou:

- Quem está aí?

- É o Chico...

- Que Chico?

- Chico Xavier...

Os familiares foram acordados - surpresos -, com a notícia inusitada. Seria ele mesmo? Abriram a porta e, realmente, ali estava Chico Xavier com alguns companheiros, para visitá-los em plena madrugada!

Chico Xavier ali permaneceu por quase duas horas. Conversou alegremente, transmitiu recados espirituais, inclusive para vários familiares, orou e aplicou passes no tio enfermo. Um aroma de rosas perfumou o ambiente.

Ao amanhecer, reinava um ambiente de paz, alegria e esperança e, sem dúvida, de incrível surpresa com o desfecho da tentativa inicial frustrada de encontrar Chico Xavier.

Em conversas pessoais e correspondências com Chico, a figura de nosso tio sempre estava presente. Entre outras citações em missivas (trecho):

> Uberaba, 4/12/74. Querido Cesar, sempre caro amigo: (...) Estou regressando de uma viagem ao Rio,

> onde tive a satisfação de abraçar sua querida Mãezinha, visitar o nosso caro Dr. Lourival e abraçá-lo junto aos queridos tios. Prometi ao nosso caro Dr. Lourival, seu querido tio e nosso caro amigo, escrever a você dando notícias dele. Achei-o um tanto abatido fisicamente, mas em fase de encorajadora restauração. Sempre sereno e valoroso, sempre amigo e admirável na fé e na paz espiritual com que nos edifica.

Quando preparávamos uma publicação[8] sobre fatos da vida de nosso tio, desencarnado em 1976, mostramos o plano do trabalho a Chico Xavier, numa de nossas idas a Uberaba no início de 1980. Chico demonstrou entusiasmo e disse-nos:

- Ele merece! Seu tio foi um grande inspirado... Foi uma vida gloriosa! Mas, este termo anda desgastado... Foi uma vida triunfante!

Chico conversa com Lourival e Suzy, em Uberaba (1974)

---

8. Fizemos alguns desses relatos em nossa publicação: *Em louvor à vida*, Araçatuba; Edição do autor, 1980. Posteriormente foi ampliada com várias mensagens psicográficas e publicada, em parceria com Divaldo Pereira Franco, Salvador: Ed.LEAL, 1987; 2a edição, Ed.LEAL, em 2017.

CAPÍTULO 1.6

PAI E MÃE

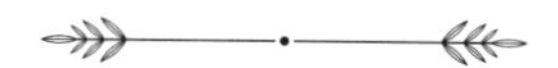

NUMA DAS PRIMEIRAS "PEREGRINAÇÕES" após a fundação do Grupo Espírita da Prece, acompanhamos Chico e equipe ao bairro carenciado.

Tivemos a felicidade de permanecer bem ao lado de Chico Xavier quando ele ainda atendia de pé as pessoas necessitadas.

Uma longa fila havia se formado e Chico, pessoalmente, distribuía pães.

Vez por outra entregava também algumas notas de baixo valor.

Ao seu lado, sr. Weaker Batista tinha um saquinho para os donativos em dinheiro.

Todavia, Chico tinha um jeito todo especial de colocar a nota em sua mão direita, presa pelo polegar, de maneira que ao cumprimentar ele a soltava na mão do carenciado. Com tanta discrição, quem não estivesse ao lado dele não perceberia que ele estava ofertando dinheiro também.

Os valores, embora baixos, também variavam de acordo com a necessidade da pessoa. Chico fazia a distinção.

Quando a pessoa ia se aproximando, Chico cochichava no ouvido de seu colaborador, pedindo as notas.

Assim, acompanhávamos o atendimento. Ouvíamos as palavras de estímulo que Chico endereçava aos assistidos e, vez por outra, olhava para nós para tecer alguns breves comentários.

De repente, aproximava-se um homem com uma criança pequena no colo e acompanhado de outras crianças.

Aí, discretamente, Chico passa-lhe uma nota de valor maior e olhando para nós comenta: *Este é pai e mãe ao mesmo tempo...*

Registramos a fisionomia daquele homem simples. Em outras oportunidades identificamos sua participação em reuniões da "peregrinação" e do Grupo Espírita da Prece. Quer dizer, ele não buscava apenas o pão material...

Márcia Baccelli e o casal Zilda e Weaker Batista com Chico, na "peregrinação" (1981)

Capítulo 1.7

TÍTULO DE CIDADÃO

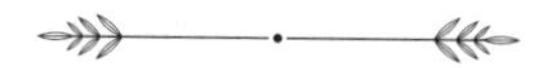

NO INÍCIO DOS ANOS 70 Chico Xavier vinha sendo agraciado com títulos de cidadania outorgados por Câmaras de Vereadores e algumas Assembleias Legislativas. As solenidades se transformavam em reuniões muito belas, abrindo espaço para a divulgação do espiritismo e para se expor a doutrina na mídia. Àquele tempo Chico Xavier já era uma expressão nacional e verdadeiramente popular.

No ano de 1975 fomos colhidos de surpresa, a Câmara de Vereadores de Araçatuba aprovou a concessão do título de "cidadão araçatubense" ao *maior médium espírita do Brasil, pelos relevantes serviços que vem prestando em favor do povo brasileiro (Decreto Legislativo no. 8 de 25/6/75)*. A iniciativa do vereador proponente foi totalmente espontânea.

A Câmara de Vereadores oficiou Chico Xavier e considerando a amizade com ele e pelo fato de presidirmos a então União Municipal Espírita de Araçatuba (órgão da USE), intermediamos o encaminhamento do assunto em várias oportunidades.

No entanto, antes da aprovação desse título, já tentávamos uma vinda de Chico Xavier a Araçatuba para uma tarde de autógrafos.

A propósito, escrevia-nos Chico Xavier (trecho):

> Uberaba, 2/12/74. - ... Caro Cesar, a ideia da tarde de livros, aí em nossa bela cidade de Araçatuba fica sendo um plano que a Bondade de Deus nos ajudará a realizar em tempo oportuno. Creia que esperarei essa realização com grande esperança e alegria.

Já com relação ao título de cidadania (trechos):

> Uberaba, 30/6/75. Caro Cesar: Deus nos abençoe. Recebi as suas queridas notícias. Agradeço a você por todas as suas atenções. A surpresa da Cidadania Araçatubense me trouxe lágrimas de reconhecimento e alegria.
>
> Uberaba, 8/2/76. - ... preparando-me para nascer araçatubense, interesso-me, de coração, por tudo o que se refira à nossa querida cidade. (...) Rogo aos Mensageiros de Jesus para que tudo dê certo, de modo a que eu possa estar aí na ocasião prevista, a fim de receber o título que pertence aos caros companheiros espíritas dessa abençoada terra e transmitir-lhes simbolicamente a honraria, com muita alegria pela possibilidade de cumprir esse agradável dever. Digo assim, caro amigo, porque bem me reconheço na simples condição de servidor dos servidores de nossa Causa e em semelhantes solenidades, outro não é meu lugar senão o de servidor muito pequenino para recolher documentos importantes e entregá-los aos legítimos donos.
>
> Uberaba, 8/8/76.- ... De acordo com a sua carta, sugiro a data de 29 de novembro (creio que será uma segunda-feira) próximo para a Cidadania. Que acham

você, Célia e a D. Bebé sobre a proposta? Assim, estaríamos em clima de aniversário da nossa generosa cidade de Araçatuba, sem tomar alguma faixa de atenção da cidade, nas comemorações de natalício.

Duas semanas antes da efetivação da solenidade, com toda as providências tomadas, o sr. Weaker Batista nos telefonava de Uberaba, informando-nos que Chico tinha sofrido um enfarte e que encaminharia um atestado médico a fim de apresentarmos as justificativas perante a Câmara de Vereadores.

Recebemos o citado atestado e a acalentada cerimônia foi suspensa.

Dias depois, recebemos um bilhete:

> Uberaba, 12/12/76. Queridos amigos Cesar e Célia: Deus nos abençoe. Senti muito a incapacidade em que vi, de repente, para ir ao encontro dos queridos amigos de Araçatuba. Peço a todos me perdoem a falta involuntária. Estou melhorando devagar com as marcas de quem está lutando pela própria recuperação. Tudo, no entanto, vai bem. Abraços do Chico.

Estivemos visitando-o em janeiro de 1977 e em variadas oportunidades.

Todavia, os políticos locais não se conformavam.

O prefeito de Araçatuba, dr. Oscar Gurjão Cotrim, simpatizante do espiritismo, liderou uma caravana em fins de maio de 1977, para entregar o título a Chico no próprio Grupo Espírita da Prece. Da caravana faziam parte o autor do projeto vereador Antonio Saraiva e e os srs. Álvaro Rodrigues e Hermógenes Turrini. Após receber a caravana araçatubense, Chico Xavier se dirigiu aos araçatubenses, em fita gravada e divulgada pelas Rádios e ainda transcrita e publicada pelos jornais *Tribuna da Noroeste* e *A Comarca*, de Araçatuba, no dia 30/5/77:

> Nós estamos aqui, no Grupo Espírita da Prece, muitíssimo honrado com a visita do nosso eminente prefeito municipal da cidade de Araçatuba, dr. Oscar Gurjão Cotrim acompanhado do senhor vereador Antonio Saraiva que considero como sendo o meu benfeitor por haver proposto a cidadania de Araçatuba, honrosíssima para mim, do sr. Álvaro Rodrigues e Hermógenes Turrini. Araçatuba foi sempre e continua sendo alvo de nossa maior admiração e respeito. Recebo este título comovidamente e peço ao distinto prefeito de Araçatuba dr. Oscar Cotrim que dê ciência à querida comunidade de Araçatuba que tão logo encontre as melhoras orgânicas desejadas, estarei em Araçatuba, para receber, com muita honra, essa comenda, naturalmente, em homenagem aos espíritas cristãos daquela cidade, já que eu não mereço um diploma assim, tão elevado.
>
> Lá estarei em pessoa, permitindo Jesus, para que eu tenha alegria de abraçar o povo araçatubense das diversas faixas da fé cristãs e de outras interpretações religiosas ou ideias filosóficas, porque Araçatuba é, sinceramente para nós, a capital da bondade, da gentileza e me sinto muitíssimo sensibilizado com a honraria que me foi conferida.
>
> Peço ao dr. Cotrim que se faça intérprete do profundo reconhecimento a todas as autoridades de Araçatuba e sua comunidade em geral, bem como ao amigo Cesar Perri de Carvalho e sua esposa D. Célia. Registro aqui meu profundo agradecimento ao meu benfeitor vereador Antonio Saraiva, que me trouxe honra assim tão grande. Que o dr. Cotrim e seus companheiros se-

jam abençoados por Deus. Que Deus engrandeça Araçatuba cada vez mais e, muito breve, permitindo o Senhor, lá estarei para o abraço de agradecimento e para a gratidão do servidor que me sinto de todos aqueles que tiveram a felicidade de nascer e se incorporarem àquela comunidade abençoada que tanto honra o Estado de São Paulo e o Brasil inteiro. Que Deus lhes abençoe!

Em visita que fizemos ao Grupo Espírita da Prece, em novembro de 1983, Chico Xavier informou-nos que face a nova solicitação da Câmara de Vereadores de Araçatuba, para marcar uma data para a solenidade, ele pedia que apresentássemos suas justificativas. Infelizmente, não poderia ir a Araçatuba, como desejaria, à vista de seu estado de saúde. Inclusive se submeteria a exames cardiológicos nos próximos dias.

Em seguida, recomendado pelos médicos, Chico suspendia em definitivo a sua presença em solenidades para receber títulos honoríficos.

Algum tempo depois, autoridades araçatubenses comparecem ao Grupo Espírita da Prece, autorizados pela Câmara de Vereadores, e entregam o diploma de cidadania a Chico Xavier. De nossa parte, parece-nos que o procedimento de entrega desse diploma fora da sessão solene foi a única exceção na história da edilidade araçatubense.

Capítulo 1.8

CHICO E A SAÚDE DO CORPO

EM DIVERSOS MOMENTOS CHICO Xavier nos fez considerações sobre sua saúde.

Durante o atendimento na Comunhão Espírita Cristã, nos idos de julho de 1974, estávamos com um grupo de familiares de Araçatuba e do Rio de Janeiro. O tio Lourival era médico e, naquele momento estava em excelente fase de tratamento antineoplásico.

O relógio assinalava quase seis horas da manhã e Chico brincava com o grupo: *Vamos embora, pois o galo já cantou e o dia está amanhecendo...* A essa altura, um outro visitante insiste sobre a pertinência de um tratamento recomendado por médicos. Àquela época Chico Xavier estava muito disposto e havia muito *zum-zum* pela peruca que ele havia adotado. Ele não teve dúvidas, fez referência a nosso tio ali presente e defendeu os tratamentos advindos do progresso da medicina e com bom humor, disse: *Se for necessário, faço cirurgia até na ponta do nariz...*

De correspondência destacamos o trecho:

> Uberaba, 8/8/76. - ... Nos demais dias, caro amigo, ando fazendo tratamento de acupuntura em São Paulo.

> Tratamento de sustentação que tem me auxiliado muito. As lutas têm sido um tantinho grandes para este seu irmão e servidor muito grato de sempre e tenho estado sempre em falta com os amigos.

Ao visitá-lo em sua residência, em janeiro de 1977, quase dois meses após o enfarte, Chico mostrou-nos a quantidade de medicamentos que estava utilizando. Sempre fazendo brincadeiras dizia, sorrindo, que estava escravo deles...

Porém, ficando sério, contou ao grupo de visitantes que, certa feita, contrapondo-se a momentos passageiros de desânimo, Emmanuel afirmou-lhe incisivo: *A vida é dura para quem é mole...*

E não parou por aí. Chico estava acamado e, segundo ele próprio, preocupado com a enfermidade. Emmanuel surgiu e saindo daquela costumeira linguagem evangélica de seus livros, disse-lhe: *Saia dessa cama senão você irá para a tumba!* Chico esforçou-se mais ainda no processo de recuperação e de retorno a seus afazeres.

Naquele mesmo dia Chico comentou que não seria daquela vez que partiria e que não era o desejo dele também. Com bom humor disse Chico: *Partir agora e depois perder uns vinte anos de bobeira na nova reencarnação até começar trabalhar, eu prefiro continuar trabalhando agora...*

Meses depois, acompanhávamos a "peregrinação" no bairro do Pássaro Preto. Estávamos ao lado de Chico e sua equipe de colaboradores. Chico entregava pães e dirigia palavras de bom ânimo aos necessitados que se postavam em fila. A certo momento, alguém fez alguma reclamação sobre saúde. Chico fez, então, rápido comentário para os circunstantes, chamando atenção de que ele não era nenhum privilegiado:

> Na minha infância, sofria castigos físicos aplicados pela minha madrasta. Ainda jovem fiquei cego de um olho e tenho muitas dores e trato o outro há muitos anos. Submeti-me a algumas cirurgias médicas e, há pouco, sofri um enfarte. Um dia cansado de tantos tratamentos, pedia forças. Emmanuel apareceu e disse-me: – Você veio para ser tratado e não para ser curado...

Em meados de 1986, aos 76 anos de idade, Chico foi obrigado a reduzir os atendimentos públicos, resumindo-os apenas aos sábados. Porém, praticamente dez anos depois é que se afastou totalmente das reuniões rotineiras, restringindo-se a algumas atividades em sua residência.

Capítulo 1.9

O VEIO COMERCIAL

NO MÁXIMO A CADA quinze dias recebia um pacotinho de mensagens encaminhado e subscrito pelo próprio Chico Xavier.

Nas visitas a Uberaba, sempre trazia mensagens e alguns livros autografados para familiares e amigos.

Certa feita, após um lanche na residência de Chico Xavier este nos ofertou mensagens muito específicas.

Torna-se interessante a recordação de que Chico colecionava em seus aposentos recipientes com doces caseiros, lembranças, mensagens e livros. Era o tipo de organização que só ele entendia.

Assim, no meio de tantos objetos diversos, Chico localiza algumas mensagens por ele psicografadas e vertidas para o árabe. Entre elas, "Família" vertida para o árabe pelo sr. Haddad, dirigente do *Christian Spirit Center* dos Estados Unidos.

Chico perguntou-me se conhecia alguém que lia o árabe. Respondi afirmativamente.

Ao retornar a Araçatuba, telefonei a um frequentador do centro espírita que era de origem árabe e cuja família era muito vinculada às tradições do Oriente Médio.

Muito satisfeito com a lembrança e sempre prestativo, pouco depois ele comparecia à nossa residência para buscar as mensagens espíritas em árabe.

Durante a visita, exultante com a oferta, contou-nos que o espiritismo vinha colaborando em vários momentos com sua família.

Ao se despedir, repentinamente, nos indagou:

– *Você não gostaria de ver uns cortes de linho irlandês que estou vendendo?*

Embora surpreso, respondi-lhe que sim.

Aí está, o conhecido veio comercial esteve presente até naquele momento. Portador de mensagens gratuitas, acabei adquirindo um corte de linho.

Capítulo 1.10

CINQUENTENÁRIO DA MEDIUNIDADE

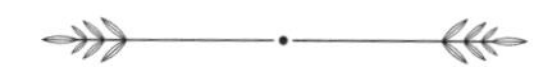

O MOVIMENTO ESPÍRITA COMEMOROU de várias formas o cinquentenário dos afazeres mediúnicos de Chico Xavier.

A imprensa espírita e leiga focalizaram aspectos os mais variados sobre sua vida e obra. Até revistas especiais foram editadas.

A revista *Reformador*, órgão da Federação Espírita Brasileira, deu destaque à efeméride em seu número de julho de 1977, estampando algumas matérias e uma página em homenagem, de onde destacamos[9]:

> ...lembrando a data que assinala meio século de intensos labores de Francisco Cândido Xavier, no campo mediúnico ligado especialmente à missão do livro espírita, deseja expressar, simbolizado no amplexo ao médium de Pedro Leopoldo e Uberaba, o seu carinho e apreço irrestrito a todos os médiuns, do passado e da atualidade, que deram e dão expressivas provas de dedicação ao trabalho do Senhor, sabendo renunciar e

9. *Reformador*, julho de 1977, p. 7.

> testemunhar, com valor e fé, no dia a dia, a excelência da mensagem do Espírito da Verdade, na restauração do cristianismo do Cristo. Que a paz do Senhor permaneça com o querido seareiro. E que Ismael o ilumine e proteja sempre.

Uma entrevista significativa com Chico Xavier saiu no jornal *Espiritismo e Unificação*, de junho do mesmo ano, editado pela então União Municipal Espírita[10] de Santos:

> Sou sempre um Chico Xavier lutando para criar um Chico Xavier renovado em Jesus e, pelo que vejo, está muito longe de aparecer como espero e preciso...

Em Araçatuba, através da então União Municipal Espírita, promovemos a "semana alusiva às obras de Chico Xavier", com palestras diárias em rodízio pelas várias instituições, entre 3 e 9 de julho de 1977.

De artigo de nossa autoria em *O Clarim*[11] - de onde aproveitamos o título para a presente obra –, transcrevemos trechos:

> Francisco Cândido Xavier, ao completar 50 anos de labor psicográfico, enseja-nos à meditação em torno de alguns aspectos de sua própria vida.
>
> Sua produção psicográfica é respeitável, não só pela extensão da obra, mas, principalmente pelo teor da mensagem transmitida. (...) Todavia, Chico Xavier não tem sido apenas o médium para a confecção de deze-

10. Atualmente as Uniões Municipais Espíritas são designadas USEs Municipais.
11. *Chico Xavier: o homem e a obra,* O Clarim, Matão, 15/07/1977, p.1.

nas de obras. Através do exemplo e da vivência, tem sido o mensageiro do amor.

(...) Assim, a análise de seu comportamento cristão e da obra de que se faz intermediário, deve ser motivação para muitas reflexões.

Positivamente, seu modo de ser e sua obra não recomendam o endeusamento que, infelizmente, grassa por aí.

(...) Se ele, como se julga, não é um ser privilegiado, de nossa parte é privilégio sermos contemporâneos de alguém que é fiel intermediário do amor e do conhecimento espiritual. Cremos que suas obras mediúnicas e sua vivência, constituem-se em matéria para metabolização a longo prazo, por parte da família espírita e da própria Humanidade.

Capítulo 1.11

LÍDERES ESPÍRITAS OPINAM SOBRE CHICO XAVIER[12]

"FRANCISCO CÂNDIDO XAVIER, UM jovem de 17 anos residente na cidade de Pedro Leopoldo (MG), psicografou sua primeira mensagem na noite de 8 de julho de 1927. A partir daquele dia, iniciou um período de exercícios psicográficos. Todavia, sua primeira obra *Parnaso de além-túmulo,* saiu a lume nos idos de 1932, publicada pela Federação Espírita Brasileira. Desde então, sua produção mediúnica foi incessante, completando em nossos dias, cerca de 150 livros publicados[13]. Ao ensejo dos cinquenta anos de atividades psicográficas de Francisco Cândido Xavier, procuramos obter a opinião respeitável de alguns líderes espíritas.

12. Antonio Cesar Perri de Carvalho, Líderes espíritas opinam sobre Chico Xavier, *Revista Internacional de Espiritismo*, Matão, vol. 52, nº. 6, julho de 1977, pp. 169-173. O artigo está transcrito na íntegra. Para facilitar a leitura apenas colocamos subtítulos entre as questões.
13. Atualmente, vinte anos depois que escrevemos este artigo, passam dos 400 títulos.

Impacto das primeiras obras

P - Como os espíritas receberam as primeiras obras psicográficas de Chico Xavier?

R - Quando sairam as primeiras obras de Chico, eu ainda estava, a bem dizer, nos primeiros passos na seara espírita. Justamente por isso, não posso responder bem a essa pergunta. Mas ainda me recordo de que, principalmente o *Parnaso*, objeto de comentários constantes, como outras obras de Chico empolgou muita gente nos primeiros tempos. Somente mais tarde, porém, depois de me haver familiarizado com Léon Denis e Gabriel Delanne, fui tomar conhecimento, diretamente, dos livros mediúnicos, a respeito dos quais ouvira apenas referências e elogios em discussões e conferências - *Deolindo Amorim* (presidente do Instituto de Cultura Espírita do Brasil, Rio de Janeiro).

Fenômeno psíquico do século

P - Como encara o fenômeno Chico Xavier?

R - Creio que é a concretização da promessa de Jesus citada em João XIV, v. 15 a 17 e 26, quando se refere ao Consolador: *Se me amais, guardai os meus mandamentos. E eu rogarei ao Pai e Ele vos dará outro Consolador, para que fique eternamente convosco. O Espírito da Verdade, a quem o mundo não pode receber, porque não o vê nem o conhece; mas vós o conheceis, porque ele ficará convosco e estará em vós. Mas o Consolador, que é o Espírito Santo a quem o Pai enviará em meu nome, vos ensinará todas as coisas e vos fará lembrar tudo o que vos tenho dito.*

Da mesma forma que o espiritismo veio para explicar Jesus, Chico Xavier com sua exuberante faculdade mediúnica serviu de intermediário para que o mesmo Espírito da Verdade explicasse ainda melhor o espiritismo. Aceitamos, pois que as entidades que se fazem presentes pela intermediação de Francisco Cândido Xavier também sejam pertencentes àquela mesma equipe liderada pelo Mestre e Senhor e que tem como missão esclarecer o homem em todos os sentidos a fim de que ele viva a realidade profunda do Evangelho que se resume em uma palavra apenas - Amor.

Quem melhor do que Chico Xavier até os dias presentes conseguiu, com espontaneidade viver tão profunda e intensamente a mensagem de Jesus, em nosso século? Sempre foi simples, humilde e sofredor, mas jamais vimo-lo imprecar ou lamentar-se. Ao contrário, nos momentos mais agudos de seu sofrimento deles tirou o incentivo necessário para todos os que até hoje, aos milhares o procuram vindo de todas as partes do Brasil e do estrangeiro também. A todos recebe com carinho, afeto e dignidade, e até mesmo aos que abusivamente lhe exigem, sabe dar mostras de sua paciência e tolerância. É pena, no entanto, que o homem geralmente valorize, com a dimensão do equilíbrio, aquilo que teve, somente depois que perde. O que os espíritas e curiosos de variada procedência têm feito ultimamente com esse homem é verdadeiro "crime lesa doutrina", porque o obrigam, através de uma programação estafante a verdadeiros sacrifícios, quando deveriam preservá-lo a fim de que ele continuasse a viver em clima de recolhimento e paz, se colocando assim em condições de prosseguir, dando-nos, pela sua mediunidade, obras de alto quilate e profundidade doutrinária.

No entanto, achamos que o material que nos deixa, o publicado e o inédito, será suficiente para que, pelo menos duas gerações, se abasteçam em conhecimento e elevação, desde que todos a estudem e entendam seu alto significado espiritualizante. Nesse prazo, ele mesmo, ou outros, aparecerão para dar novo impulso a este movimento irresistível e histórico que é o cristianismo que visa a libertação do homem, escravo do erro, para a sua destinação angelical, e que hoje encontra no espiritismo a sua forma mais pura de expressão.

50 anos de ininterrupta atividade mediúnica e 150 obras psicografadas realmente são dados muito significativos, embora não devêssemos nos prender a tempo e números porque o que realmente vale é a qualidade da obra de Chico Xavier que passou por várias fases e em todas demonstrou uma autenticidade invejável. Ter uma força de obra sem precedente, que a qualifica sobremodo, identificando-a com a tarefa do Espírito Consolador que veio para enxugar a lágrima do aflito, mas também para ensinar-lhe como deve agir daqui para a frente para evitar novas lágrimas e sofrimentos desnecessários.

Acho que o fenômeno Chico Xavier deverá ser entendido por todos, mais tarde, principalmente quando não mais o tivermos prisioneiro dos laços físicos, quando ele passar para as paragens de luz de onde veio; quando ele, após ter cumprido com sua tarefa como o fez, abandonar o corpo físico, instrumento de tantas dores suportadas com silêncio e resignação, e volver junto dos corações amigos com que conviveu durante toda a sua vida em intimidade de experiências graças à sua mediunidade. Aí sim, entre lágrimas de saudade, começaremos a entender quem tivemos junto de nós e não soubemos valorizar convenientemente... Referimo-nos à valorização consciente que nada tem dessas manifestações perniciosas de endeusamento, de divinização inoportuna e oportunista de que o Chico tem sido alvo seguidamente. Falamos da real dimensão que se dá a quem merece sem que se tenha em mente com isto incensar ou bajular para criar clima de simpatia, despertando sentimentos paternalistas de favorecimento e proteção. Falamos daquele julgamento histórico, isento de paixões baratas e perturbadas pela vontade doentia dos que querem aparecer através da exaltação que fazem. Referimo-nos à valorização que somente os corações superiores serão capazes de fazer.

Chico Xavier é o *fenômeno* psíquico do século e se explica por si mesmo, desde que não haja prevenção preconceituosa, nem adoração insciente - *Alexandre Sech* (presidente do Centro Espírita Luz Eterna, Curitiba).

Identificação dos comunicantes

P - Quais suas principais observações sobre a identificação dos espíritos que habitualmente se comunicam através de Chico Xavier?

R - Pelo que tenho observado há muito tempo, um dos aspectos que mais identificam os espíritos na produção mediúnica de Chico Xavier, são as peculiaridades de linguagem. Os termos técnicos, as particularidades ambientais e, sobretudo, o estilo característico distinguem claramente os autores. Notemos que, nos livros de André Luiz, por exemplo, há termos próprios da profissão médica, o que caracteriza bem o Autor Espiritual, ao passo que a linguagem de Emmanuel já é de outra natureza. Até mesmo os problemas ventilados em determinados livros mediúnicos, recebidos por Chico Xavier, denotam a existência de ângulos diversos. Este aspecto demonstra que tais livros não podem ser *criação engendrada* pelo médium! – *Deolindo Amorim.*

Divulgação das obras no exterior

P – Qual a projeção da obra de Chico Xavier no exterior?

R – Sem qualquer sombra de dúvida, a obra mediúnica de Chico Xavier é a mais conhecida dentro da literatura espírita procedente do Brasil, lida no exterior. Em toda a parte por onde tenho peregrinado, divulgando o espiritismo, os abnegados instrutores espirituais Emmanuel e André Luiz, fizeram discípulos, graças ao conteúdo profundo e eminentemente kardequiano das suas lições, convidando o homem ao autoburilamento e à sabedoria.

Não obstante hajam outros autores traduzidos, especialmente, ao castelhano, os livros da lavra psicográfica de Chico, são amplamente divulgados e imensamente estudados. Por toda a América de fala espanhola, onde tivemos oportunidade de estar por diversas vezes, o carinho dos adeptos do espiritismo em torno da excelente mensagem de que se faz instrumento o humilde filho de Pedro Leopoldo, comove. Grande número de estudiosos se reúnem em diversos países, a fim de aprofundarem estudos nos ensinamentos ali exarados, procurando as conotações valiosas face às descobertas do moderno conhecimento, ao mesmo tempo, sintonizando com o conteúdo evangélico que se evola de todas as obras profundamente repassadas de beleza cristã, com o permanente olor da presença de Jesus - *Divaldo Pereira Franco* (do Centro Espírita Caminho da Redenção, Salvador).

R - A obra de Chico Xavier ainda não está devidamente divulgada no exterior. Poderíamos fazer um prognóstico: quando for divulgada, terá maior projeção do que tem aqui no Brasil. Sugiro que se traduzam para o inglês as obras psicografadas por Chico Xavier. É urgente! - *Hernani Guimarães Andrade* (presidente do Instituto Brasileiro de Pesquisas Psicobiofísicas, São Paulo).

A análise da obra

P - Seria lícito analisar-se a evolução do espiritismo no Brasil, dividindo-o nos períodos antes e depois de Chico Xavier?

R - Os ensinos dos espíritos são dosados na conformidade do progresso intelectual e moral, do amadurecimento espiritual dos homens terrenos. Três grandes revelações marcaram diferentes etapas, no curso dos milênios, na popularização do conhecimento das coisas espirituais. Na última delas - a espírita -, conforme foi recentemente abordado em editorial de *Reformador* (março, 1977), o próprio codificador reportou-se a *três períodos distintos*, balizando o desenvolvimento das ideias espiritistas: o da *curiosidade* (intensa e ruidosa fenomenologia); o do *raciocínio e da filosofia* (estudo e meditação sérios, então apenas no início); e o *da aplicação e das consequências* (que se seguiria, inevitavelmente, aos outros dois). A propósito da questão 160 de *O Livro dos Espíritos*, Emmanuel lembrou os períodos aludidos e denominou-os como de *aviso, chegada e entendimento*.

No Brasil, desde cedo, ainda no século XIX, foi dada ênfase ao sentido do terceiro período, da aplicação e das consequências (Allan Kardec) ou do entendimento (Emmanuel), que é o da vivência do Evangelho de Jesus Cristo, do aspecto religioso da Doutrina dos Espíritos, a que conduz a lógica das conclusões do estudo metódico e sistemático dos aspectos científico e filosófico, como muito bem elucida o próprio Espírito Emmanuel em *O Consolador*.

A elaboração dos trabalhos, no transcorrer de um século de vida do espiritismo no Brasil, em pleno período terceiro, como não podia deixar de ser, seguiria, como seguiu, orientação dos mesmos moldes dos outros dois: no sentido do esforço conjugado dos Planos Espiritual e Físico do planeta, da contribuição das humanidades invisível e visível que o povoam.

À luz dessa realidade, o pesquisador, o estudioso, o espírita laborioso encontrará sempre, e licitamente, pontos demarcantes da evolução do espiritismo, em nosso país e fora dele, todos importantes e necessários, como contributos da edificação comum da mentalidade cristã e das obras que decorrem das atividades dos seres desencarnados e encarnados, solidários entre si e perseguindo idênticos ideais na imensa seara do Senhor.

Nas linhas gerais do processo evolutivo da Doutrina dos Espíritos, no Brasil, se respeitadas as premissas alinhadas neste esforço, parece-nos perfeitamente justo identificar as múltiplas fases do trabalho para nelas situar esse ou aquele médium, como instrumento de equipes de espíritos a utilizarem-no com vistas ao atendimento das necessidades da programação de longo curso, a cumprir-se por partes, no tempo e no espaço.

Francisco Cândido Xavier, médium precedido por inúmeros outros, *na obra do livro espírita,* principalmente em Terras do Cruzeiro, contemporâneo de diversos medianeiros que também chegaram a ultrapassar a barreira de *meio século* de fecundas e continuadas realizações, e de outros já com alguns decênios de lutas e dedicações, é bem a expressão simples e confortadora da progressividade da revelação e do permanente cuidado e carinho de Deus para com os Seus filhos em duras experiências no mundo.

Analisar as realizações que se ligam, indissoluvelmente, ao valoroso espírita-cristão Chico Xavier, é tarefa que, a nosso ver, deveria ser mais propriamente delegada ao futuro imediato à sua desencarnação e aos decênios seguintes, porque, então, detentores do conhecimento pleno do inteiro patrimônio representado pelo seu mediunato, devidamente esquadrinhado, sem as interferências das emoções ainda próprias da condição de contemporaneidade, os espíritas melhormente - e sem preocupações de ferir a modéstia proverbial do querido médium - poderíamos compreendê-lo na verdadeira extensão e profundidade, na qualidade e na influência dos seus escritos.

A bibliografia mediúnica que foi acrescida à literatura espírita, nestes últimos cinquenta anos, nascida do lápis de Chico Xavier - e o espaço não nos permite, sequer, considerações ligeiras sobre a oriunda, em nosso plano, de suas páginas -, é vultosa, considerável. E qualitativamente admirável. Poderíamos, sem dificuldade, num exame sereno e com absoluta isenção, dividir a obra mediúnica, orientada por Emmanuel, igualmente em fases perfeitamente delineadas, dentro de duas grandes divisões: a primeira, provando a sobrevivência e a imortalidade do espírito (*Parnaso de além-túmulo*); a segunda, lembrando e confirmando os deveres dos espíritas, destinada a prepará-los para o trabalho no movimento (*Brasil, Coração do Mundo, Pátria do Evangelho,* seguido de uma panorâmica da História Universal, *A Caminho da Luz,* e de alguns manuais de maior valor: *Emmanuel – Dissertações mediúnicas, O Consolador, Roteiro,* etc., etc.)

Enfim, muitos estudos interessantes e instrutivos virão, a seu tempo. E a obra toda de Francisco Cândido Xavier, criteriosamente traduzida, estará, tempestivamente, à disposição dos leitores do mundo inteiro, juntamente com a de Allan Kardec e da dos autores que cuidaram dos escritos subsidiários e complementares da codificação.

Mas, enquanto isso, e para que tudo ocorra com a tranquilidade que se almeja na difusão conscienciosa e responsável da doutrina dos espíritos, seria de bom alvitre que se não perdesse de vista o fato de que Chico Xavier jamais teria obtido êxito, como instrumento do Alto, se não tivesse buscado ser fiel, autêntico, perseverante, seguindo a rígida disciplina que lhe foi sugerida por Emmanuel, testemunhando e permanecendo na exemplificação do amor ao próximo e do amor a Deus, vivendo o Evangelho - *Francisco Thiesen* (presidente da Federação Espírita Brasileira, Rio de Janeiro).

Capítulo 1.12

CHICO E DIVALDO

ANFITRIÃO E AMIGO DE Divado Pereira Franco, amigo e constante visitante às tarefas de Chico Xavier, no início dos anos 70 fui portador de abraços e de recados de ambas as partes.

Finalmente, ocorreu o esperado reencontro. Amigos de ambos estavam presentes às primeiras reuniões com Chico Xavier, em Uberaba.

Entre as memoráveis reuniões com Chico e Divaldo, algumas nos marcaram muito.

Na tradicional reunião do Grupo Espírita da Prece, aos 14 de fevereiro de 1978, Divaldo proferiu uma bela exposição sobre Florence Nightingale, ao ensejo do estudo da questão nº 876 de *O Livro dos Espíritos*. Outros, inclusive nós, fizemos uso da palavra. Naquela noite, Chico permaneceu recolhido à câmara de psicografia durante oito horas consecutivas, atendendo ao receituário. Após seu retorno, por volta das duas horas da madrugada, ocorreram as psicografias em público. Chico Xavier psicografou uma página de Emmanuel, sobre os estudos da noite, e uma carta de um jovem desencarnado. Divaldo recebeu uma carta assinada por Lolo (apelido familiar de um tio nosso) e dirigida a mim e à minha esposa, que acompanhávamos a reunião[14].

No dia seguinte, muitos visitantes acompanharam Chico Xavier à "peregrinação" vespertina. Chico cedeu a Divaldo todo o tempo disponível para a preleção sobre *O Evangelho segundo o Espiritismo*. À noite, no Grupo Espírita da Prece, novamente se repetiram as psicografias. Desta feita, o tema central foi o "dia das mães" e quatro belas mensagens foram recebidas: de Maria Dolores, através de Chico Xavier; de Amélia Rodrigues, por Divaldo; de Meimei, por Marlene Rossi Severino Nobre e, de Emmanuel, por intermédio de uma colaboradora do Grupo Espírita da Prece.

Durante o ano de 1980, Divaldo assumiu um papel muito ativo na campanha para o "Prêmio Nobel da Paz 1981" para Chico Xavier.

Aos 5 de novembro de 1980 assistimos à cerimônia em que Divaldo Pereira Franco recebeu o título de "cidadão uberabense". Chico Xavier compareceu e usou da palavra na solenidade. A uberabense Altiva Noronha esmerou-se nos preparativos e na organização do evento.

Nos últimos dias de julho de 1983 foi lançado em Uberaba o livro *"...E o amor continua,* contendo mensagens psicografadas por Francisco Cândido Xavier e por Divaldo Pereira Franco[15]. No novo livro foram incluídas cartas familiares recebidas por ambos, em reuniões públicas de Uberaba. A propósito, esclareceu Chico Xavier na referida

---

14. O autor comentou a mensagem na revista *Presença Espírita* (Salvador, junho de 1978) e incluiu-a no livro *Em louvor à vida*, em parceria com Divaldo (Salvador: LEAL, 1987; 2a edição 2017).
15. Editora LEAL, Salvador.

obra: *Este livro é o ponto de junção de dois tarefeiros da mediunidade, expressando o sentimento e a palavra dos comunicantes amigos...* Além das mensagens familiares recebidas pelos dois médiuns, há o estudo para a identificação dos autores espirituais.

Outro encontro significativo dos dois tarefeiros, que presenciamos, aconteceu nos dias 14 e 15 de fevereiro de 1986. Na oportunidade, Divaldo fez explanação sobre os estudos da noite: paciência e "bem-aventurados os aflitos" e psicografou mensagens de Joanna de Ângelis e cartas familiares. Entre estas, na noite de sábado, recebeu mensagem de Lourival Perri Chefaly, nosso tio. Este se dirigia à nós e a esposa Célia, à irmã Bebé e vários sobrinhos de Araçatuba e de Votuporanga, que acompanhavam as atividades daquele final de semana.

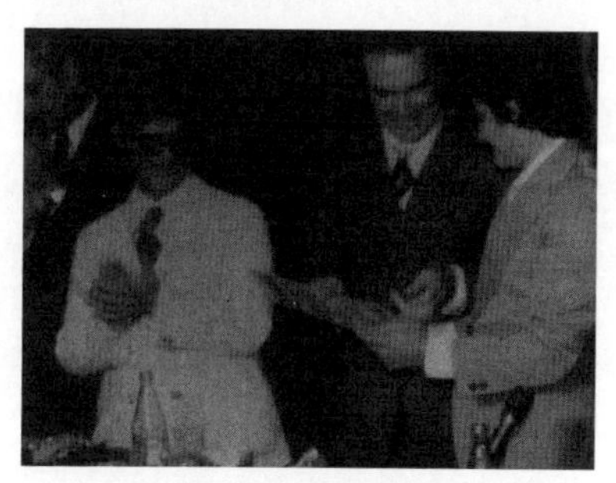

Chico na solenidade em que Divaldo recebe o título de "Cidadão Uberabense" (1980)

Capítulo 1.13

PACIÊNCIA DOS ELEITOS

EM JUNHO DE 1979, estivemos em visita ao Grupo Espírita da Prece e à chamada peregrinação.

Nas reuniões noturnas do Grupo, às sextas e sábados, Chico Xavier psicografou duas mensagens e sete cartas de espíritos desencarnados dirigidas a familiares presentes. Na oportunidade, estava sendo lançado o livro *Encontros no tempo*.

No sábado à tarde acompanhamos Chico e os colaboradores do Grupo à peregrinação. Esta era a visita que, tradicionalmente, Chico Xavier fazia a uma bairro pobre de Uberaba. Na época, restringia-se a um atendimento no Bairro dos Pássaros Pretos. Sob a sombra de frondoso abacateiro, fazia-se a leitura de uma página de *O Evangelho segundo o Espiritismo*, seguida de comentários da equipe e de visitantes. Simultaneamente eram transmitidos passes numa casa próxima. Em seguida à pequena reunião Chico fazia a distribuição de víveres e agasalhos aos carentes do bairro.

Nessa visita, os comentários se faziam em torno da mensagem "A paciência", inserta em *O Evangelho segundo o Espiritismo*. Depois de vários se reportarem ao tema, Chico Xavier arrematou o estudo. Contou que, há muitos anos, uma senhora se referindo ao trecho - *A dor é uma bênção que Deus envia aos seus eleitos*, afirmou que não gostaria de ser "eleita do Senhor". Chico não entendeu todas as razões daquela senhora.

Algum tempo depois, cumprindo seus afazeres profissionais, Chico visitava uma exposição de gado, no interior de Minas Gerais. Na oportunidade, haviam selecionado belos reprodutores e bezerras que seriam transportados para outra região a fim de iniciarem um novo rebanho. Na sequência, os animais passaram por uma série de preparos, culminando com as marcações a ferro quente. Condoído, Chico via os animais selecionados com sinais de sangue e queimadura nas marcas recentes. A esta altura, o mentor espiritual Emmanuel chamou-lhe a atenção:

- Veja Chico, estes são os eleitos...

Chico, então, compreendeu a alegação antiga da senhora. Lembrou-se dos percalços e vários testes - incluindo o da paciência e da dor - a que se submetem aqueles que se predispõem a construir uma civilização em bases cristãs.

Capítulo 1.14

CARAVANA DE ENCARNADOS E DE DESENCARNADOS

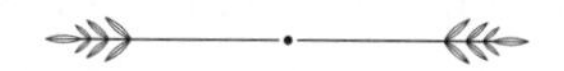

AO INICIAR AS COMEMORAÇÕES do centenário do nascimento de Eurípedes Barsanulfo, Corina Novelino lançou o livro *Eurípedes – o homem e a missão*. Tivemos a honra de ser um dos expositores do evento inicial do centenário.

Formamos uma caravana em nome da então União Municipal Espírita de Araçatuba, integrada por companheiros vinculados a várias instituições araçatubenses. Na viagem de ida visitamos algumas instituições de Franca e seguimos para Sacramento (MG).

Na noite do dia 31/10/79 proferimos a palestra inaugural do evento, nas dependências do Colégio Allan Kardec, em Sacramento. Preparamos especialmente para a oportunidade uma palestra sobre Eurípedes ilustrada com diapositivos. No dia 1º – aniversário da desencarnação de Eurípedes – a programação começou cedo com a tradicional "alvorada da saudade", números lítero-musicais e a palestra do dr. Tomaz Novelino, ex-aluno de Eurípedes. No mesmo dia, à noite, Divaldo Pereira Franco proferiu brilhante conferência.

A caravana ainda esteve na Fazenda Santa Maria, situada

nos arredores de Sacramento, local onde Eurípedes frequentou as primeiras reuniões espíritas, e esteve no culto do Evangelho dirigido por Heigorina Cunha, sobrinha de Eurípedes.

De Sacramento, em clima de muita alegria e paz, o grupo se dirigiu a Uberaba. A caravana foi recebida atenciosamente por Chico Xavier e pela equipe de trabalho. Vários colaboraram nas exposições doutrinárias do Grupo Espírita da Prece. Apesar das limitações impostas pela saúde combalida, na reunião de sexta-feira, Chico psicografou receitas e orientações durante cinco horas e depois, em público, psicografou sete cartas de espíritos dirigindo-se a familiares presentes à reunião. Encerrando as manifestações psicográficas, Emmanuel assinou uma mensagem. A reunião encerrou-se às 3 horas da madrugada do sábado.

No sábado à tarde participamos da peregrinação e à noite, outra vez de reunião no Grupo Espírita da Prece. Chico Xavier psicografou mais três cartas e vários versos, enfeixados com o título "Variações sobre a morte". No final, autografou pilhas de livros espíritas e, com muito carinho e paciência, atendeu a longa fila, despedindo-se um por um.

Ou seja, nessa visita ao Grupo Espírita da Prece, a caravana de visitantes encarnados assistiu o desfille psicográfico de uma caravana de espíritos desencarnados.

Perri e esposa com caravana de Araçatuba em visita a Chico (1979).

Capítulo 1.15

A CRIANÇA REJEITADA

AOS 13 DE AGOSTO de 1980 publicamos a matéria "À sombra do abacateiro" na "coluna espírita" sob nossa responsabilidade no *Jornal A Comarca*, de Araçatuba. O título que demos ao artigo – e expressão empregada por muitos nas exposições doutrinárias ao ar livre nas peregrinações dos sábados –, é interessante e foi utilizada, em seguida, por Carlos Baccelli ao escrever um livro sobre Chico Xavier.

No referido artigo, relatamos a intensa produção psicográfica de Chico Xavier nas noites de sexta e sábado no Grupo Espírita da Prece. Naquele primeiro final de semana de agosto de 1980, Chico recebeu nove cartas de espíritos familiares e ainda mensagem de Emmanuel e outra assinada por vários trovadores e em estilos variados.

O destaque foi para a "peregrinação" no bairro do Pássaro Preto.

Após os comentários dos visitantes, à sombra de frondoso abacateiro, Chico Xavier fez o seu sobre o trecho lido de *O Evangelho segundo o Espiritismo*. Relatou um caso que teve oportunidade de acompanhar sobre o hábito que as pessoas têm de julgar os outros e os fatos de acordo com a sua maneira de entender as coisas e variando, muitas vezes, de acordo com as circunstâncias.

Chico expôs o caso acontecido com uma matriarca que não aceitava uma neta adotiva. Após muitas instâncias, a nora resolveu usar de um artifício, contando-lhe que a neta adotiva seria filha do marido. No mesmo instante, a velha senhora mudou sua opinião: *Sem vergonha!... É a cara dele...* A partir daí, amparou a neta com todos os seus recursos. A criança rejeitada e enferma, agora envolvida numa atmosfera de receptividade e de amor, revigorou-se e cresceu....

Quando Chico terminava seu relato, exaltando o valor do amor e das vibrações amigas, alguém observou: *Mas ela usou de uma mentira!* De imediato, Chico arrematou: *Às vezes, a mentira com uma finalidade nobre é uma verdade adiada...*

Capítulo 1.16

JUGO SUAVE

NAS TAREFAS DA "PEREGRINAÇÃO" de um sábado de novembro de 1983, os comentários foram em torno do trecho de *O Evangelho segundo o Espiritismo*: *Vinde a mim, todos os que estais aflitos e sobrecarregados, que eu vos aliviarei. Tomai sobre vós o meu jugo e aprendei comigo que sou brando e humilde de coração...*

Como de hábito, Chico convidava alguns expositores, para fazerem uso da palavra. Havia o lembrete para que falassem em torno de dois minutos. Geralmente, o professor Tomaz Silva falava em primeiro lugar para "modular" os demais expositores.

Chico Xavier arrematou com pensamentos inspirados por Emmanuel. Comentou que na natureza tudo progride sob o jugo e passou a estabelecer comparações: a usina que sob o jugo controla a água, aproveitando-a; o animal que sob o jugo da canga se transforma em útil transportador de peso; o motor do veículo que sob o jugo da disciplina torna-se em instrumento útil do progresso...

No final, Chico concluiu: *Todos estamos sob a lei do jugo, mas a do Cristo é mais suave* e concitou todos à paciência, à calma, à cooperação por que o amor e a caridade são imprescindíveis para a aceitação do jugo do Cristo. Lembrou também que todas as vezes que as ações não são pautadas no amor e na caridade, pode-se aguardar as consequências...

Capítulo 1.17

DOUTRINA É LUZ

ERA VÉSPERA DOS SESSENTA anos da mediunidade de Chico Xavier. A cidade de São Paulo ostentava *out-doors* com os dizeres: *Obrigado, Chico! Francisco C.Xavier – 60 anos de mediunidade. 300 livros psicografados.*

Essa foi a tônica de nossos comentários na visita ao Grupo Espírita da Prece num sábado de final de junho de 1987.

À tarde, no encontro realizado no bairro do Pássaro Preto, aconteceu a distribuição de víveres e de roupas e a rápida reunião doutrinária.

Chico Xavier iniciou-a com a leitura do trecho "Motivos de resignação" de *O Evangelho segundo o Espiritismo*. Seguiram-se vários comentários pelos convidados.

Encerrando-os, Chico Xavier fez menção a considerações de nossa genitora, a respeito do comportamento de se bendizer o sofrimento depurador do espírito. Arrematou com observações de Emmanuel de que a doutrina espírita é uma luz. Aqueles que entram em contato com ela, de início se entusiasmam, mas, ao percorrerem a si mesmos com uma lamparina clarificadora começam a identificar pontos fracos e momentos infelizes. Porém, longe de sucumbir frente ao desânimo ou às dificuldades a serem vencidas, a luz deverá se constituir em estímulo e orientação para a continuidade das lutas de aperfeiçoamento do espírito.

Assim, concluiu citando Emmanuel, que o sofrimento, com o espiritismo, é uma luz clarificando os caminhos da vida.

Diálogo com Chico, o autor, esposa e amigos (1987).

Capítulo 1.18

O CORAÇÃO DO MUNDO

LIVROS QUE ANALISAM A evolução de nossa civilização como *A caminho da luz,* de Emmanuel, e, especificamente a história do Brasil, sob o prisma espiritual, como *Brasil, coração do mundo, pátria do evangelho,* de Irmão X, são extremamente significativos e, de certa forma, se complementam. O espírito Castro Alves, em diversos momentos, pela mediunidade de Chico, assinou poemas inflamados enaltecendo o papel de nosso país.

Na obra *Brasil, mais além*[16], Duílio Lena Berni faz um substancioso estudo sobre o livro de Irmão X.

Em outras oportunidades[17], discutimos a questão da destinação histórica e o significado da nossa formação etno-geográfica, inclusive cotejando com interessantíssimos estudos do antropólogo Darcy Ribeiro.

Porém, transcorridos mais de cinquenta anos da publi-

16. Editado pela FEB, em 1976.
17. Estudos que realizamos em obras nossas: *A família, o espírito e o tempo,* cap. 1, Ed.USE, 1994, e em *Espiritismo e modernidade,* cap.2, Ed.USE, 1996. Nesta última comentamos o livro *O povo brasileiro*. A formação e o sentido do Brasil, de Darcy Ribeiro, publicado pela Companhia das Letras em 1995.

cação do livro, e ultrapassados tantos momentos complicados e controversos em nosso país, seria extremamente oportuna a opinião do próprio médium. Durante visita ao Centro Espírita Perseverança, em São Paulo, em dezembro de 1992, Chico Xavier declarou em entrevista[18], entre outras:

(...)*Somos de verdade, geograficamente falando, o coração do mundo. Como filhos da pátria do Evangelho, somos chamados a exemplificar o que aprendemos, o que ensinamos, o que constitui a razão de nossas vidas. (...) A violência que existe no Brasil é a violência que existe no mundo, mas como povo temos sabido honrar a destinação a que fomos chamados. (...) Quanto à conceituação de pátria do Evangelho, somos compelidos a pensar no futuro. Nós teremos talvez necessidade de exemplificarmos até com sacrifício do evangelho ensinado por Jesus Cristo, sem nos esquecermos que do ponto de vista evangélico, até ele foi atingido pelo sacrifício extremo, para dar-nos essa alvorada maravilhosa que é a doutrina de luz.*

Há estudos e observações que, mesmo de cenários, às vezes controversos, apontam para a destinação do Brasil, coincidindo com a programação revelada por Irmão X.

Brasil, coração do mundo, pátria do evangelho é mais uma elaboração mediúnica de Chico Xavier que alimenta a esperança do brasileiro e é repetida em folhetos, campanhas e adesivos.

Todavia, entendemos que esse papel será conseguido não com a mera repetição do "slogan" ou a visão mágica-salvacionista de nossos ancestrais. O encaminhamento

---

18. Ivan René Franzolim. O Brasil é realmente o coração do mundo. Dirigente Espírita, ano 3, São Paulo, jan.-fev. 1993, p.5.

para o grande destino será conquistado com muito esforço de cidadania, inclusive com o engajamento dos espíritas, que não devem permanecer restritos a ações intramuros, mas afeitos à ampla obra de construção social.[19]

19. Posteriormente lançamos um livro onde detalhamos o raciocínio: *Além da descoberta*. Brasil, 500 anos. Capivari: Eldorado/EME, 1999.

1.19

A FAMÍLIA NA OBRA DE CHICO

EM PRODUÇÕES SOBRE O tema família[20] temos destacado que a intensificação das atividades do Centro Espírita, via de regra, sobrecarrega alguns dirigentes e colaboradores diretos. O entusiasmo, a dedicação e a necessidade do atendimento dos compromissos institucionais geram envolvimentos com as múltiplas ações que, pela própria natureza do trabalho não profissional, concentram-se nos períodos noturnos e nos finais de semana. Aparecem também exageros na linha da interpretação apressada do que *quem é minha mãe e quem são meus irmãos...*[21]

Face a esses cenários, não é raro encontrar-se excelentes e dedicados dirigentes e colaboradores distanciados do convívio familiar. O apoio aos necessitados externos, sem dúvida não deve comprometer a atenção que se deve dispensar àqueles necessitados de uma rica interação sob o mesmo teto. Certa feita, soube do comentário de um líder idoso e doente: *A esta altura, trocaria minha obra por uma família...*

---

20. Artigos em *Dirigente Espírita* e contribuições a livros sobre o tema editados pela USE, São Paulo.
21. Mateus, XII: 48 - Novo Testamento.

A obra psicográfica de Chico Xavier tem importância fundamental para a abordagem e para as ações relacionadas com criança, jovem, com a família em geral. Desde *Nosso Lar*, com as considerações sobre lar e o ângulo reto[22], até obras como *Vida e sexo, Família* e outras.

A literatura infantojuvenil por ele recebida alimentou durante décadas o movimento de evangelização infantojuvenil.

Os livros *Evangelho em casa, Jesus no lar* e vários outros sobre o tema, estimularam a efetivação da reunião de Evangelho no lar e fundamentaram várias campanhas realizadas sobre tal prática.

A afirmação de Emmanuel: *o lar é a melhor escola*[23] foi a legenda da "Campanha Integração da Família", encetada pela União das Sociedades Espíritas do Estado de São Paulo, em 1982. De certa forma, a experiência dessa campanha e o ensejo do "Ano Internacional da Família" (1994) motivaram a USE-SP propor a campanha que o Conselho Federativo Nacional da Federação Espírita Brasileira efetivou com a designação "Viver em Família"[24].

Nas várias campanhas mencionadas, os livros mediúnicos de Chico Xavier comparecem maciçamente na bibliografia recomendada. Além da bibliografia específica sobre família, várias outras estão relacionadas e dão suporte aos temas.

Porém, há um outro aspecto relacionado com família nas atividades desenvolvidas por Chico Xavier, pois, os

---

22. Capítulo "Noções de lar".
23. Xavier,F.C./Emmanuel - O Consolador, Rio de Janeiro: Ed. FEB, questão 110.
24. Autores Diversos/D.P.Franco. Carvalho, Antonio Cesar Perri (Org.). *Laços de família*, São Paulo: Ed.USE, 1994.

seus atendimentos pessoais e as cartas familiares psicografadas colaboraram para o equilíbrio de milhares e milhares de famílias.

1.20

CHICO E A ASSISTÊNCIA SOCIAL

DESDE BEZERRA DE MENEZES, fortalecendo as atividades da "Assistência aos Necessitados" na então novel Federação Espírita Brasileira, às ações pioneiras de Anália Franco, Eurípedes Barsanulfo e Cairbar Schutel, os espíritas se dedicaram à chamada prática da caridade, corporificando-se em instituições assistenciais.

Esses traços das Sociedades Espíritas foram identificados inclusive por estrangeiros. No ano de 1941, Gabriel Gobron anotou em "Le Fraterniste", após visitar nosso país: *...à frente do mundo no tocante à organização espírita de assistência pública vem o Brasil. Não há centros espíritas que não tenham ou não cuidem de ter uma assistência aos necessitados... - O espiritismo brasileiro é a caridade em ação... - e o Brasil e seus espíritas são pobres!* [25].

A esse tempo firmava-se a atuação de Francisco Cândido Xavier, em Pedro Leopoldo (MG), como médium psicógrafo e como expressão da bondade e de dedicação ao

25. Analisamos a evolução da assistência social praticada por espíritas no livro *Espiritismo e modernidade*, São Paulo: Ed. USE, 1986. Porteriormente em: *Centro espírita. Prática espírita e cristã*. São Paulo: USE. 2016.

próximo. Sua maneira de ser e o devotamento ao próximo, o modelo da Comunhão Espírita Cristã (já em Uberaba) e atividades como as sopas, as peregrinações por bairros carenciados, os festivais de Natais, com ampla distribuição de víveres e vestimentas, transformaram-se em exemplo para as instituições espíritas.

Quando Chico era mais jovem e tinha disposição física, as peregrinações faziam juz ao nome, pois um grupo percorria bairros e visitava lares. A partir dos 70 esta atividade tradicional de Chico passou a ser centralizada no atendimento material e espiritual num ponto de determinado bairro.

Entre as décadas de 50 e parte de 70, houve rápida expansão das atividades assistenciais mantidas pelos espíritas. Multiplicaram-se principalmente os lares e casas da sopa. Facilmente se identificava que muitos procuravam adotar essas práticas desenvolvidas por Chico Xavier, principalmente a sopa e as peregrinações e, às vezes, sem a necessária adaptação a realidades locais.

Outro aspecto é o reflexo provocado pelos livros psicografados por Chico Xavier e alguns em parceria ou só de Waldo Vieira, como *Conduta espírita*. Os livros mediúnicos, sem dúvida, também fundamentaram e estimularam inumeráveis ações assistenciais no Brasil.

Por essa época, uma "brasilianista" americana dra. Ann Tiller realizou estudos sobre os cultos mediúnicos no Brasil. Anotou que os "kardecistas", referindo-se ao "espiritismo importado da França", mantêm uma vasta rede de assistência social.

O fato é que a característica marcante dos espíritas – de empenho e dedicação pelas obras assistenciais – foi responsável pela mudança das reações do povo e das autoridades com relação ao movimento espírita. O panorama de receio e preconceito, foi se alterando para o respeito e consideração. Pelo menos reconhecendo-se que os espíritas trabalham e fazem algo pelo próximo. A este respeito, há registros de depoimentos significativos de todas as regiões.

A dedicação ao próximo de Chico Xavier e seus livros mediúnicos, a nosso ver, estão profundamente ligados à expansão das ações assistenciais espíritas em nosso país.

1.21

ORIENTAÇÕES E OPINIÕES

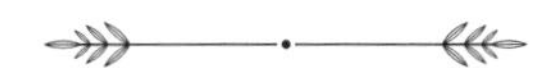

O telefone

AINDA NOS TEMPOS DE Comunhão Espírita Cristã, de Uberaba, após psicografar algumas mensagens em reunião pública, uma senhora acercou-se dele e lamentou não ter recebido notícias do ente querido desencarnado. Chico Xavier respondeu-lhe afetuosamente:

– *Minha filha, o telefone só toca de lá para cá...*

Aí está uma questão para ser estudada e meditada com base em *O Livro dos Espíritos* e em *O Livro dos Médiuns*.

Mediunidade

De veículo de informação[26] leigo destacamos uma questão relacionada com a anterior:

P – Existe alguma maneira de uma pessoa desenvolver

26. Chico Xavier, um homem chamado Amor, *Estado de Minas*, Belo Horizonte, 10/7/1980, p.3.

a sua mediunidade sem precisar frequentar um centro ou mesmo aprofundar-se na doutrina?

Chico – *Nós temos, por exemplo, o esoterismo em determinadas doutrinas espiritualistas com processos semelhantes aos da ioga, pelos quais a criatura se aperfeiçoa nas suas faculdades psíquicas e consegue ser, por exemplo, um intérprete do mundo espiritual sem as características do médium espírita-cristão propriamente considerado. Mas nos moldes em que me vi na necessidade de encontrar um socorro para os meus problemas psicológicos e espirituais, não vejo outras entidades no momento capazes de, no ponto de vista popular, trazer para o nosso coração tanto benefício como um centro espírita cristão, orientado com segurança por amigos de Cristo e de Allan Kardec capazes de ponderar as responsabilidades que eles assumem. De modo que eu me sinto uma pessoa feliz com o tratamento da mediunidade na estação em que trabalho e me encontro, mas, cada qual tem o seu próprio caminho. Eu não desconheço que toda religião tenha os seus processos de apoio para a sublimação de seus adeptos e respeito todas elas.*

Elitização

Nos anos 70, havia uma movimentação de propostas de cursos básicos de espiritismo e cursos para orientação e educação da mediunidade. Havia muita resistência, inclusive de respeitáveis instituições.

Naquela época, estávamos envolvidos com a implementação dessas propostas.

Chico era muito procurado para dar sua opinião a visitantes de todas as partes.

Particularmente, com todo o respeito devido à sua pessoa, sempre valorizei mais a sua obra. Toda sua literatura psicográfica é um estímulo ao estudo e à organização. O que dizer sobre o potencial de orientação e de autêntica escola que é representado pelo livro *Desobsessão*, publicado em 1964?

Em realidade, sempre percebemos uma acentuada preocupação de Chico Xavier com os mais simples, manifestando-se contra a elitização e contra eventuais cerceamentos dos mais simples nas reuniões espíritas.

Vejamos, então, trechos de entrevista feita por Jarbas Leone Varanda[27]:

– *Jarbas, amigo, precisamos conversar desapaixonadamente sobre o nosso movimento. É preciso que nós, os espíritas, compreendamos que não podemos nos distanciar do povo. É preciso fugir da tendência à 'elitização' no seio do movimento espírita. É necessário que os dirigentes espíritas, principalmente os ligados aos órgãos unificadores compreendam e sintam que o espiritismo veio para o povo e com ele dialogar. É indispensável que estudemos a doutrina espírita junto com as massas, que amemos a todos os companheiros, mas sobretudo, aos espíritas mais humildes social e intelectualmente falando e deles nos aproximarmos com real espírito de compreensão e fraternidade. Se não nos precavermos, daqui a pouco teremos em nossas casas espíritas apenas falando e explicando o Evangelho de Cristo, as pessoas laureadas por títulos acadêmicos ou intelectuais e confrades de posição social mais elevada. Mais do que justo evitarmos isso,* (repetiu várias vezes) *a 'elitização' no espiritismo, isto é, a formação do 'espírito de cúpula', com avocação de infalibilidades, em nossas organizações.*

27. Um encontro fraterno e uma mensagem aos espíritas brasileiros, *O Triângulo Espírita*, Uberaba, 20/3/1977, p.1.

Chico com o casal Cesar e Célia, Zilda Batista, Toni e o guarda Xexéu (1979).

Em nossa experiência de movimento espírita, temos visto que Chico realmente tem razão, porque sem serem elites acadêmicas ou do conhecimento espírita, muitas elites de poder têm se encastelado em instituições espíritas. Ou seja, um grupo fechado e geralmente pequeno, o que ele chamou de "espírito de cúpula" consideram-se infalíveis na administração material e doutrinária das instituições. A reencarnação explica os ranços religiosos...

Em quase trinta anos de experiência específica com o assunto temos visto que os cursos não elitizam, evidentemente, que depende da orientação impressa. Hoje em dia, esta discussão foi superada e até muitas instituições mudaram suas posições e fomentam campanhas de divulgação da doutrina e de estudos sistematizados. Aí tem residido o fortalecimento dos centros espíritas.

Continua Chico na aludida entrevista:

O problema não é de direção ou administração em si, pois, precisamos administrar até a nós mesmos, mas a maneira como a conduzem, isto é, falta de maior aproximação com irmãos socialmente menos favorecidos, que equivale à ausência do amor, presente no excesso de rigorismo, de suposta pureza doutrinária, de formalismo por parte daqueles que são responsáveis pelas nossas instituições; é a preocupação excessiva com a parte material das instituições com a manutenção, por exemplo, de sócios contribuintes ao invés de sócios ou companheiros ligados pelos laços do trabalho, da responsabilidade, da fraternidade legítima; é a preocupação com o patrimônio material ao invés do espiritual e doutrinário; é a preocupação de inverter o processo de maior difusão do espiritismo, fazendo-o partir de cima para baixo, da elite intelectualizada para as massas, exigindo-se dos companheiros em dificuldades materiais ou espirituais uma elevação ou um crescimento, sem apoio dos que foram chamados pela doutrina espírita a fim de ampará-los na formação gradativa.

Aí está, a nosso ver Chico Xavier sempre se manifestou preocupado com os extremismos de todo tipo...

Opiniões pessoais

Espíritas extremados, ou como escreveu Kardec "espíritas exaltados", sempre confundiram Chico com os espíritos e, principalmente, com Emmanuel. Para estes, Chico é uma abstração em termos de pessoa e de individualidade. Somente expressaria a opinião dos espíritos.

Ledo engano. Convivendo com as atividades de Chico notava-se claramente a maneira de agir e pensar dele próprio. O que é absolutamente natural. Só mesmo o fanatismo e endeusamento criavam imagens diferentes.

Assim, percebemos alguns posicionamentos pessoais de Chico um pouco diferentes de posturas encontradas em sua obra psicográfica. O que também é natural, pois assegura a identidade dele e dos espíritos comunicantes.

Chico Xavier pareceu-nos, em geral, conservador. Sentimos isso, inclusive, em diálogo ocorrido em momentos de grandes transformações políticas do país.

A propósito, o grande amigo de Chico e então ativo deputado federal Freitas Nobre declarou algo semelhante: *Ele não gosta de política. Costumo dizer que os espíritos são mais avançados que ele*[28].

---

28. Chico dos Espíritos, *Veja*, 28/7/82.

1.22

A INFLUÊNCIA DA OBRA DE CHICO XAVIER NAS PRÁTICAS MEDIÚNICAS[29]

O MÉDIUM FRANCISCO CÂNDIDO Xavier é responsável pela expansão qualitativa e quantitativa da literatura espírita. Sua obra mediúnica provocou um grande impacto no movimento espírita brasileiro, principalmente a partir da publicação de *Nosso Lar,* em 1944. Tinha início a chamada "série André Luiz".

Esse autor espiritual escreveu várias obras, desde a descrição de colônia espiritual, até atendimentos espirituais e as formas de relacionamento entre desencarnados e encarnados. Simultaneamente, o espírito Emmanuel escreveu obras de interpretação do Novo Testamento, históricas e de orientação às práticas espíritas. Principalmente os dois autores espirituais citados trouxeram subsídios de extrema importância para o norteamento das práticas mediúnicas espíritas, destacando-se, entre outras *Nos domínios da me-*

29. Texto revisado, originalmente publicado pelo autor em: *Dirigente Espírita,* mar.-abr./1992, p.7.

diunidade, Mecanismos da mediunidade, Desobsessão, todas de André Luiz e *Seara dos médiuns,* de Emmanuel.

As obras psicográficas de Chico Xavier têm o grande valor de complementarem e/ou exemplificarem os textos da codificação kardequiana.

Aliás, quando alguns desavisados alardeavam que a obra de Kardec estaria superada pela oriunda da mediunidade de Chico Xavier, a resposta veio clara e rápida. Ao ensejo das comemorações do centenário de lançamento das obras básicas, Emmanuel escreveu livros que comentam livros de Kardec, a saber: *Religião dos Espíritos,* sobre *O Livro dos Espíritos; Seara dos médiuns,* sobre *O Livro dos Médiuns; Livro da esperança,* sobre *O Evangelho segundo o Espiritismo; Justiça Divina,* sobre *O Céu e o Inferno.*

Cinquenta anos após o início da publicação da "série André Luiz", grande parte dos centros espíritas já absorveram as orientações de André Luiz e de Emmanuel para as práticas mediúnicas. A literatura mediúnica de Chico Xavier subsidia opúsculos de orientação para práticas espíritas[30] e vários cursos.

Com *Nosso Lar,* tinha início a publicação da chamada "série André Luiz". Este autor espiritual inova ao descrever detalhes de funcionamento e de organização de uma cidade espiritual. Logo depois, o Centro de Mensageiros da colônia Nosso Lar comparece na obra *Os mensageiros* como um respositório de relatos da atuação dos espíritos nos dois planos da vida. Aí já se fortalece a ideia do influ-

---

30. Principalmente: *Orientação ao Centro Espírita, Conselho Federativo Nacional da FEB,* Ed. FEB, 2007, e, *Subsídios para atividades doutrinárias,* São Paulo: Ed. USE, 1992. Mais recentemente em livro nosso: *Centro espírita. Prática espírita e cristã.* São Paulo: USE. 2016.

xo magnético da oração. A seguir, em *Missionários da luz* esclarece-se mais sobre o perispírito, as relações entre epífise, hipófise e os princípios eletromagnéticos. Mais detalhes sobre os "centros de força" são apresentados em *Entre a Terra e o Céu; Nos domínios da mediunidade* é um estudo sobre vários tipos de faculdades mediúnicas, com informações inovadoras, por exemplo, sobre o "psicoscópio", sempre em forma de relato de casos de intercâmbio entre os dois planos. A visão da realidade cósmica, com o estudo comparativo entre as manifestações mediúnicas e os fenômenos eletromagnéticos, desenvolve-se em *Mecanismos da mediunidade*. Tais temas são aprofundados em *Evolução em dois mundos*.

Em obra, em parceria com Waldo Vieira - *Desobsessão*, a mediunidade deixa de ser analisada em seus fundamentos e em função da análise de relatos de casos. Esta última obra sequencia o desenrolar de uma reunião, acrescentando-se a ilustração correspondente. *Desobsessão* passa a ser um livro didático para a prática mediúnica. Outras obras de Chico Xavier também poderiam ser destacadas, mas as citadas já são muito significativas.

Deve-se assinalar também uma obra de efeito didático que marcou época - *Estudando a mediunidade*, onde Martins Peralva esmiúça *Nos domínios da mediunidade* de forma acessível para o estudo nos centros espíritas.

No entanto, simultaneamente, entidades espirituais produziam livros em gêneros distintos. Emmanuel deu o toque de religiosidade, ao rememorar a história do cristianismo e comentar textos evangélicos. Delineou um objetivo e uma ação moral para a mediunidade. Entre muitas de suas obras, destacamos *Seara dos médiuns*. Aí Emmanuel prescreve a conduta moral para os médiuns, fundamentando-se nos episódios do Novo Testamento. Lembramos que com a obra citada, Emmanuel homenageou o centenário da publicação de *O Livro dos Médiuns*.

Antes da divulgação das obras de Chico Xavier e também ligados a outros fatores, a maioria dos centros espíritas atuavam, principalmente em torno de reuniões mediúnicas públicas.

Em fase posterior à publicação das obras citadas, surgiram muitas propostas de cursos baseados nessa bibliografia. Na década de 70, a partir de textos como "Carta aos Centros Espíritas", elaborada pela União das Sociedades Espíritas do Estado de São Paulo, surgem estudos e documentos norteadores para o movimento espírita e, em seguida, do Conselho Federativo Nacional da Federação Espírita Brasileira. Tais textos são baseados em citações de várias obras mediúnicas de Chico Xavier.

As obras psicográficas de Chico Xavier estimulam à leitura e ao estudo dos livros e com referência aos Centros, principalmente: a organização do atendimento fraterno e dos passes, orientação para o emprego de manifestações mediúnicas mais restritas aos ambientes fechados.

A diretriz evangélica como linha mestre de todas as ações está consolidada na série de comentários de versículos evangélicos assinada por Emmanuel: *Pão nosso; Caminho, verdade e vida; Vinha de luz,* e *Fonte viva.*

No movimento espírita, a literatura psicográfica de Chico Xavier subsidia inúmeros programas de cursos básicos de espiritismo, cursos de orientação e de educação para a prática da mediunidade, ou seja, várias opções de estudo sistematizado da doutrina espírita.

1.23

CHICO E A UNIFICAÇÃO

COMPANHEIROS QUE NÃO SÃO afins com a proposta de unificação costumam afirmar que Chico Xavier seria contrário à mesma.

Durante as visitas a Chico Xavier percebemos que muitos o procuravam para que ele referendasse, mesmo que induzido, seus pontos de vista. Aprendemos a não valorizar tudo o que dizem que Chico Xavier falou. Sempre há toques do "intérprete".

Em 1975, fomos testemunha de algumas reclamações de Chico Xavier relacionadas com alguns órgãos de unificação[31], mas não contra a unificação, e isto por ocasião da fundação do Grupo Espírita da Prece. Tais episódios, na época, foram publicados pela imprensa espírita. Sem evocar polêmicas passadas, diríamos que Chico tinha razão. Afinal de contas ele dava sequência a um trabalho muito específico e

---

31. Em livro que posteriormente publicamos, analisamos mais em detalhes algumas questões sobre união e unificação e, inclusive, com algumas polêmicas que têm relação com posições de Chico Xavier relatadas de forma discreta no presente livro. Vide: Carvalho, Antonio Cesar Perri. *União dos espíritas. Para onde vamos?* Capivari: Ed. EME. 2018.

cremos que não estava sendo entendido como tal e nem por tudo o que já representava ao movimento espírita. Aliás, a nosso ver, Chico e seu trabalho são exceções...

Todavia, não podemos esquecer que as obras da fase áurea da produção psicográfica de Francisco Cândido Xavier foram publicadas pela Federação Espírita Brasileira. Esta apoiou, orientou e defendeu o médium desde o início de seus labores. Inclusive, no processo movido pela família de Humberto de Campos. Os registros são evidentes. Até nossos dias, a revista *Reformador* divulga e transcreve textos psicográficos de Chico Xavier.

Às vésperas do cinquentenário das tarefas mediúnicas de Chico veio a lume significativa obra – *Testemunhos de Chico Xavier*[32], onde Suely Caldas Schubert comenta a contínua correspondência entre Chico Xavier e o presidente da FEB Antonio Wantuil de Freitas. Foram selecionadas cerca de uma centenas de cartas de Chico, entre 1943 e 1964. A leitura deste livro permite que se acompanhe a evolução de muitos episódios relacionados com o movimento espírita nacional.

Os textos de sua lavra mediúnica são adotados nas tarefas de unificação. Haja vista a conhecidíssima página "Unificação"[33], em que "apóstolo da unificação" e ex-presidente da FEB, Bezerra de Menezes, escreve (trechos):

O serviço de unificação em nossas fileiras é urgente mas não apressado. Uma afirmativa parece destruir a outra. Mas não é

32. Suely Caldas Schubert, *Testemunhos de Chico Xavier*, Rio de Janeiro: Ed. FEB, 1986.
33. Francisco Cândido Xavier/Bezerra de Menezes, Unificação, página recebida em reunião da Comunhão Espírita Cristã, em Uberaba, aos 20/4/1963. Esta página foi várias vezes publicada em *Reformador*.

assim. É urgente porque define objetivo a que devemos todos visar; mas não apressado, porquanto não nos compete violentar consciência alguma. Mantenhamos o propósito de irmanar, aproximar, confraternizar e compreender, e, se possível, estabeleçamos em cada lugar, onde o nome do espiritismo apareça por legenda de luz, um grupo de estudo, ainda que reduzido da obra kardequiana, à luz do Cristo de Deus. Nós que nos empenhamos carinhosamente a todos os tipos de realização respeitável que os nossos princípios oferecem, não podemos esquecer o trabalho do raciocínio claro para que a vida se nos povoe de estradas menos sombrias.

(...) Nenhuma hostilidade recíproca, nenhum desapreço a quem quer que seja. Acontece, porém, que temos necessidade de preservar os fundamentos espíritas, honrá-los e sublimá-los, senão acabaremos estranhos uns aos outros, ou então cadaverizados em arregimentações que nos mutilarão os melhores anseios, convertendo-nos o movimento de libertação numa seita estanque, encarcerada em novas interpretações e teologias, que nos acomodariam nas conveniências do plano inferior e nos afastariam da Verdade.

(...) Respeito a todas as criaturas, apreço a todas as autoridades, devotamento ao bem comum e instrução do povo, em todas as direções, sobre as Verdades do espírito, imutáveis, eternas.

De outra página, também de Bezerra de Menezes[34], destacamos os trechos:

(...) Não vos isoleis em quaisquer pontos de vista, sejam eles quais forem.

(...) Equilíbrio e justiça. Harmonia e compreensão.

34. Francisco Cândido Xavier/Bezerra de Menezes, *Divulgação Espírita*. Página recebida aos 6/12/1969. *Reformador*, abril/1977, p. 104.

Nesse sentido, saibamos orientar a palavra espírita no rumo do entendimento fraternal.

(...) Sem intercâmbio, não evoluiremos; sem debate, a lição mora estanque no poço da inexperiência, até que o tempo lhe imponha a renovação.

Bezerra de Menezes dá o tom do serviço de unificação!

No livro *USE - 50 anos de unificação*[35], está transcrita mensagem de Emmanuel, dirigida aos participantes do 1º Congresso Nacional Espírita em São Paulo, que foi liderado pela USE, em 1948. Na mensagem "Em nome do Evangelho" Emmanuel inicia por destacar - *Para que todos sejam um* (João, 17:22). Eis uns trechos:

"Reunindo-se aos discípulos, empreendeu Jesus a renovação do mundo.

(...) Reunidos, assim, em grande conclave de fraternidade, que os irmãos do Brasil, se compenetrem, cada vez mais, do espírito de serviço e renunciação, de solidariedade e bondade pura que Jesus nos legou.

Outro fato ligado a esse conclave aparece em carta de 18/11/48, inserta em *Testemunhos de Chico Xavier*, o médium escreve a Wantuil: (...) *Fiquei muito contente com as notícias que me mandaste acerca da embaixada gaúcha. É isto mesmo. Falar e fazer são dois verbos muito diferentes. Esperemos o rio das horas*[36]. A autora comenta que Chico se referia a alguns participantes do Congresso que pretendiam fundar uma confederação, o que não aconteceu e acabou se encaminhando para opção do "Pacto Áureo", o acordo da

---

35. Eduardo Carvalho Monteiro, Natalino D'Olivo. *USE - 50 anos de unificação*, São Paulo: Ed. USE, 1997, pp. 109-110. Também incluída em livro nosso: *União dos espíritas. Para onde vamos?* Capivari: EME, 2018.
36. Obra citada, pp. 239-241.

unificação espírita de 1949. Em outra missiva, datada de 15/3/1951, informa ao presidente da FEB: *(...) O Dr. Lins de Vasconcellos esteve aqui e encontramo-nos, por duas noites consecutivas. Falou-me do teu trabalho com muito carinho e mostrou-se excelente amigo da unificação, cujo movimento lhe interessa, sobremaneira, a missão do momento – (...) O estado do professor Leopoldo Machado, ao que suponho, realmente inspira cuidados*[37]. Os dois companheiros citados por Chico foram vanguardas do movimento de unificação por ocasião do "Pacto Áureo" e da "caravana da fraternidade".

Na obra *USE – 50 anos de unificação* aparecem registros de outros acompanhamentos de Chico Xavier. Temos conhecimento que o ex-presidente da USE, Luiz Monteiro de Barros, era ligadíssimo ao médium Spártaco Ghilardi, um grande amigo de Chico Xavier, frequentador assíduo de Uberaba e fundador do Grupo Espírita Batuíra, em São Paulo.

A obra psicográfica de Francisco Cândido Xavier sempre foi utilizada pela União das Sociedades Espíritas do Estado de São Paulo para fundamentar suas ações e textos. Inclusive, em documentos que depois foram discutidos, ampliados e transformados no opúsculo *Orientação ao centro espírita*[38].

Diretores da USE entrevistaram Chico Xavier por ocasião do cinquentenário de suas atividades mediúnicas[39]. Eis trechos de algumas questões:

P - Como deverá agir o dirigente, no centro espírita, para colaborar com o processo de unificação das sociedades espíritas?

---

37. Obra citada, pp. 289-290.
38. Documento aprovado pelo Conselho Federativo Nacional da Federação Espírita Brasileira e editado pela mesma em 1980; reeditado em 2007.
39. *Unificação*, São Paulo, jul.-ago./1977, p.7

R – *Não tenho qualquer autoridade para tratar o assunto, com a importância que o assunto merece. Creio, porém, que os companheiros responsáveis pela divulgação da doutrina espírita estarão em rumo certo, conduzindo a ideia espírita ao coração da comunidade, envolvendo o conhecimento superior no trabalho, tão intenso quanto possível, do amor ao próximo. O serviço aos semelhantes fala sem palavras e, através dele, os sentimentos se comunicam entre si.*

P – Caro Chico, gostaríamos de levar sua mensagem aos nossos irmãos da USE que prestam sua colaboração, em várias áreas de trabalho que o centro oferece.

R – *Caro amigo, o seu desejo muito me honra, mas sinceramente, a meu ver, não temos qualquer mensagem maior que o convite à divulgação e ao conhecimento da doutrina espírita, vivendo-a com Jesus, interpretada por Allan Kardec. Penso que, nesse sentido, deveríamos refletir em unificação, em termos de família humana, evitando excessos de consagração das elites culturais na doutrina espírita, embora necessitemos sustentá-las e cultivá-las com respeitosa atenção, mas nunca em detrimento dos nossos irmãos em Humanidade, que reclamam amparo, socorro, esclarecimento e rumo. (...) Não consigo entender o espiritismo, sem Jesus e sem Allan Kardec para todos, a fim de que os nossos princípios alcancem os fins a que propõem.*

Nas mensagens de Bezerra de Menezes, como nas entrevistas com Chico Xavier há sempre a associação do serviço de unificação com a ação e com a divulgação da doutrina. Ao mesmo tempo é nítida a preocupação de Chico para que as direções dos órgãos de unificação não sejam feudos de elites, e que estes sejam facilitadores, intermediários para que o espiritismo cumpra os fins a que se propõe. Aliás, entendemos que estas mesmas preocupações devem existir na rotina da administração de todas as instituições espíritas, não havendo privilégios ou barreiras entre dirigentes e médiuns com os frequentadores e assistidos. A comparação de Chico com família humana é notável, pois pressupõe os elos da convivência, do intercâmbio, da fraternidade e da solidariedade. Essas premissas fazem parte da proposta de unificação adotada pela USE.

Como presidente da USE visitamos Chico Xavier em duas oportunidades, em eventos promovidos pelo Centro Espírita União, em São Paulo. Ouvi dele palavras de estímulo *à nossa USE*. Chico externou seu carinho para com o trabalho e não se furtou a ditar palavras de estímulo para as atividades da USE, em sua nova fase[40].

No dia 8 de julho de 1997, a União Espírita Mineira promoveu uma homenagem pelos 70 anos da mediunidade de Chico Xavier. Este foi representado por Jarbas Leone Varanda, do Conselho Regional Espírita de Uberaba. Como orador, o presidente da FEB, Juvanir Borges de Souza, rendeu homenagens pela efeméride, ressaltando a importância do livro inicial *Parnaso de além-túmulo,* que despertou muita atenção na época da publicação. Fez uma análise da chamada série Emmanuel e André Luiz e dos reflexos com a publicação das obras psicográficas em outros idiomas. No final, o palestrante destacou *a responsabilidade que nos pesa sobre os ombros, quando temos uma obra tão vasta e merecedora de nosso estudo e aproveitamento.* A USE congratulou-se com a merecida homenagem.

Com tranquilidade, admitimos que se Chico Xavier fosse contra o movimento de unificação ele estaria sendo incoerente com sua obra psicográfica e com todo o apoio recebido durante décadas.

---

40. *Dirigente Espírita*, no. 2, São Paulo, nov.-dez./1990, p. 9.

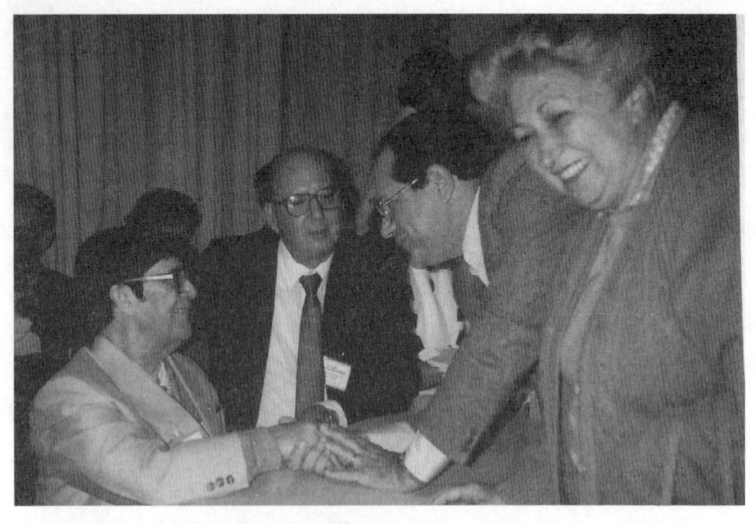

Perri, presidente da USE-SP, entre sua genitora Bebé e Francisco Galvez, com Chico, no Centro Espírita União, em São Paulo, em 1990.

O presidente da USE-SP, Perri, com sua esposa dialoga com Chico, no Centro Espírita União, em São Paulo, vendo-se também a sra. Iolanda Cezar, em 1991.

1.24

A PROJEÇÃO DA OBRA PSICOGRÁFICA DE CHICO XAVIER

As repercussões iniciais

DESDE O INÍCIO DE seus labores, Chico Xavier tem provocado repercussão.

A publicação da obra inaugural – *Parnaso de além-túmulo*, em 1932, provocou celeuma. Os escritores Menotti Del Picchia e Agripino Grieco foram dos primeiros literatos a se manifestarem sobre a obra, identificando os estilos dos diversos poetas brasileiros e portugueses.

Nos anos 40 estoura o processo movido por familiares de Humberto de Campos, reclamando direitos autorais. Chico Xavier e a Editora da FEB ganharam a causa no Tribunal de Apelação do Distrito Federal. No auge dos acontecimentos, o conceituado escritor Augusto Schmidt publicou artigo em *O Estado de São Paulo*, onde conclui:

Não quero discutir a questão, mas no meu pobre entender, o Tribunal só teria dois caminhos a seguir: ou declarar que Humberto de Campos é autor de tais obras, mandando o editor entrar com os direitos autorais para os herdeiros, ou negar a autoria do nosso grande escritor. Neste último caso, teria de pedir à Academia Brasileira de Letras uma poltrona para o rapazinho que principiou por onde nem todos acabam, isto é, escrevendo as páginas que puderam ser atribuídas a quem tão formosamente escreveu...

Monteiro Lobato também se manifestou, na época, de forma semelhante:

Se Chico produziu tudo aquilo por conta própria, então ele pode ocupar quantas cadeiras quiser na Academia.

Em concorrida solenidade no Ginásio do Pacaembu, Chico recebe o título de "Cidadão Paulistano" (1973)

As polêmicas de repórteres

Outros episódios costumeiramente são citados nas biografias de Chico Xavier, como a cilada que o famoso jornalista David Nasser armou para denegrir o médium. Ele e Jean Mazon, publicaram matérias na então expressiva revista *O Cruzeiro*, mas os próprios caíram na armadilha. Chico deu provas incontestes sobre sua mediunidade.

Chico comparece outra vez na citada revista[41] de grande circulação no país, por ocasião das "materializações de Uberaba". Outra vez Chico *sai por cima* e foi colocado na mídia. Todavia, embora portador de vários dons mediúnicos, Chico Xavier centralizou sua tarefa na psicografia e, em função dela, que se tornou matéria de interesse da mídia.

"PINGA-FOGOS" E "A VIAGEM"

Nos tempos do grupo "Diários Associados", principalmente graças à atuação do repórter Saulo Gomes na antiga TV Tupi, Chico Xavier compareceu nos memoráveis "pinga-fogos". A exposição de Chico Xavier na mídia, no final dos anos 60, provocou intensa e prolongada repercussão e facilitou a divulgação do pensamento espírita. Vários livros se reportam às históricas entrevistas.

Em meados da década de 70, a novela "A viagem" foi um estrondoso sucesso da antiga TV Tupi, alcançando 85% de audiência. Trata-se de adaptação do romance psicográfico de Francisco Cândido Xavier – *E a vida continua...*, realizada pela novelista Ivani Ribeiro, com assessoria de J. Herculano Pires. Esta novela gerou um livro com o título da mesma. Em 1994, a TV Globo reapresentou a novela com revisão da novelista Ivani Ribeiro e a colaboração de Solange Castro Neves. Foi outro sucesso televisivo, estimulando a venda de livros espíritas e uma grande procura pelos centros espíritas, principalmente, daqueles que souberam aproveitar o momento e promoveram palestras e debates sobre os temas espíritas da novela.

---

41. *O Cruzeiro*, Rio de Janeiro, 18/1/1964.

Interesse de estudiosos

Em 1974, entrevistamos um parente recém-chegado dos Estados Unidos. Na oportunidade, Lourival Perri Chefaly[42] relatou seu encontro com Donald Warren Jr., em New York:

Realmente, foi uma feliz oportunidade ter conhecido um historiador norte-americano – Mr. Donald Warren – que, além de falar corretamente o português e já ter morado no Brasil, está preparando um livro sobre o espiritismo no Brasil. Para tanto, conhece os expoentes presentes e passados do espiritismo, tendo entrevistado o dr. Carlos Imbassahy (pai) e Chico Xavier, entre outros.

No mesmo período, cientistas americanos ligados à NASA estiveram em Uberaba. Jornais da época informam que teriam medido a projeção da "aura" de Chico Xavier, que é sentida num raio de 10 metros. Com outros sofisticados equipamentos o cientista Paul Hid captou, ao lado de Chico Xavier, sons emitidos por espíritos no espaço. Um dos equipamentos parou de funcionar sob a força do olhar do médium uberabense[43].

Nas artes

Algumas obras psicográficas de Chico Xavier foram adaptadas para teatro. Merece destaque a experiência bem-sucedida levada a efeito pelo profissional Augusto César

42. *O Clarim*, Matão, 15/8/1974, p.5.
43. *Jornal da Manhã*, Uberaba, 6/5/1978, p.1.

Vanucci, com a peça "Além da vida", que foi sucesso de bilheteria em várias capitais brasileiras. Filmes como o baseado no livro *Somos seis*, a propósito do incêndio no Edifício Joelma, de São Paulo, sensibilizaram milhares de espectadores. Em 1995, o sistema LBV de rádio lançou e vem mantendo novela baseada no romance *Há dois mil anos*.

Mensagens em tribunal do júri

Mensagens psicografadas por Chico Xavier foram assinadas por espíritos que desencarnaram em situação suspeita de crime. Estas foram arroladas em processos e os esclarecimentos de espíritos comunicantes foram levados em consideração para a absolvição de acusados. Tais casos foram muito comentados na imprensa leiga como, por exemplo, o caso de um marido absolvido pela suspeita de haver matado sua esposa, em Campo Grande[44]. Alguns casos do gênero foram incluídos em livros da série de cartas familiares.

Associações médicas e acadêmicas

Há inúmeras instituições espíritas que mantêm hospitais psiquiátricos e que se apoiam em obras mediúnicas de Chico Xavier, particularmente as de autoria de André Luiz. Inclusive, este autor espiritual mereceu estudos e uma série de publicações do médico Jorge Andréa dos Santos.

A Associação Médico-Espírita de São Paulo tem se dedicado a estudos sobre as relações entre espiritismo e me-

44. Testemunho do Além..., *Visão*, São Paulo, 17/7/85, p.65.

dicina. A *Amesp* tem promovido congressos específicos - os *Mednesp*, com muito sucesso. (...) com a liderança da dra. Marlene Rossi Severino Nobre - amiga pessoal de Chico Xavier e com apoio e orientação dele -, houve o estímulo para a criação de associações idênticas em vários Estados e cidades. Em consequência, nasceu a Associação Médico-Espírita de abrangência nacional, que promoveu diversos congressos nacionais.

Recentemente, as obras espíritas e, particularmente, as do autor espiritual André Luiz, estão fundamentando um curso de especialização em psicobiofísica, desenvolvido em parceria com a USP, sob a coordenação do professor Sérgio Felipe de Oliveira.

Homenagens expressivas

Nos anos 70 Chico Xavier foi homenageado com aprovação de centenas de títulos de cidadania. Grande parte deles não pôde recebê-los. As cerimônias efetivadas no Rio de Janeiro e em São Paulo, ganharam a mídia.

Durante o ano de 1980, vicejou o movimento para se propor a candidatura de Chico Xavier, como Prêmio Nobel da Paz 1981. A iniciativa partiu de Augusto Cesar Vanucci, diretor da TV Globo, que recebeu cartas e telegramas de apoio de todas as regiões do país. Constituiu-se um Comitê e listas de assinaturas percorreram o país.

Em entrevista concedida a jornal de Uberaba[45] Chico Xavier manifestou-se sobre a campanha (trechos):

P - Você aceitou, conscientemente a indicação?

45. *Lavoura e Comércio*, Uberaba, 6/3/1980.

R – Num caso de generosidade espontânea qual o de Augusto Cesar Vanucci, e conquanto me reconheça sem qualquer merecimento para a concessão proposta, recusar-me à apresentação dele seria de minha parte uma descortesia das mais grossas, mesmo porque em se tratando de Vanucci, que considero amigo particular, desde muito tempo, creio que ele teria tido o propósito de homenagear a doutrina espírita ligada ao Evangelho de Jesus, e não a mim.

Em outra questão Chico comenta:

(...) Eu, na condição de inseto humano se fosse convidado a me pronunciar sobre o mais alto vulto da Humanidade, digno de receber o Prêmio Nobel da Paz, votaria em Jesus Cristo, entregando-se os benefícios de semelhante premiação aos nossos irmãos internados nas instituições de assistência social, das quais Jesus é sempre a inspiração, a força, a bênção e o alicerce de origem.

É sobejamente sabido que Chico não foi o escolhido, apesar da mobilização nacional efetivada pela Comissão Nacional Pró-Indicação de Francisco Cândido Xavier ao Prêmio Nobel da Paz. Dados sobre essa movimentação que envolveu cerca de 2 milhões de assinaturas e o resumo das obras psicográficas de Chico Xavier, em quatro línguas foram enfeixadas em excelente volume, utilizada para a inscrição da candidatura ao Prêmio Nobel da Paz. Este volume foi editado, com prefácio do confrade e então deputado federal, Freitas Nobre, elemento de proa no citado movimento[46].

Nos dias 31 de março e 1º de abril de 1984, Chico Xavier recebeu, após a reunião habitual do Grupo Espírita

46. *Resumo das obras psicografadas por Francisco Cândido Xavier*, São Paulo: Organização da Comissão nacional Pró-Indicação de Francisco Cândido Xavier ao Prêmio Nobel da Paz, 1981, 534p.

da Prece, o "Título de Reconhecimento Maçônico", a mais alta conderação da Ordem por relevantes serviços prestados à fraternidade. Uma comitiva entregou a comenda: Jair de Assis Ribeiro, Grão Mestre do Grande Oriente do Brasil; Rubens Carneiro dos Santos, Grão Mestre Adjunto; Armando Rigueto, Grão Mestre do Grande Oriente de Minas Gerais, e, por representantes da Loja Maçônica Estrela Uberabense.

Por ocasião do cinquentenário das atividades mediúnicas de Chico Xavier, várias homenagens espontâneas aconteceram em várias partes do país. Evidentemente que o médium manteve-se em seu lugar. Na cidade de São Paulo, o Centro Espírita União patrocinou a colocação de enormes *out-doors* em 60 locais de movimento, contendo os dizeres: *Obrigado, Chico. Francisco C.Xavier – 60 anos de mediunidade. 300 livros publicados.*

Best-seller, respeito e popularidade

Cinquenta anos depois do primeiro livro e no auge da fama, o médium Francisco Cândido Xavier já foi lido por 9,5 milhões de brasileiros. Com esta frase, a revista *Veja* (28/7/1982) iniciou uma bem documentada reportagem em torno das tarefas do médium que completava o jubileu de ouro da publicação de sua primeira obra *Parnaso de além-túmulo.*

Na citada matéria, merecem destaque algumas afirmações sobre o notável médium:

Se ele realmente vendeu todos esses livros, bastaria assumir sua paternidade para transformar-se num dos escritores de maior público do Brasil – Jorge Amado.

Ele não gosta de política e sempre conseguiu esquivar-se dos políticos. Costumo dizer-lhe que os espíritos são mais avançados do que ele - Freitas Nobre, deputado federal.

A pessoa de Chico Xavier goza de estima geral nesta cidade e seu conceito é o de um homem bom que se interessa pelos pobres - d. Benedito Ulhoa Vieira, Arcebispo de Uberaba.

Se Chico Xavier é um embusteiro, é um embusteiro de talento - Magalhães Júnior, escritor.

A disritmia cerebral pode até ser corriqueira nos médiuns. Mas, ao invés de levar à mediunidade, pode ser uma consequência dela. Reduzir o fenômeno Chico Xavier a um caso patológico é simplesmente ridículo. Se isso fosse possível, seria até interessante estimular pessoas com essa patologia - Alexandre Sech, psiquiatra.

Na mesma época, o "Fórum da Gazeta Mercantil"[47], constata que Chico Xavier está entre os cinco religiosos mais influentes do Brasil. Consultaram por amostragem escritores, artistas, homens de negócios, religiosos, políticos, militares e funcionários públicos. De acordo com a pesquisa, Chico Xavier é o quarto líder religioso mais influente. À frente dele estavam os cardeais Paulo Evaristo Arns, Helder Câmara e Aloísio Lorscheider. Abaixo dele o cardeal Eugênio Sales. O analista da pesquisa comenta: *...com Chico Xavier, o espiritismo teve um grande avanço no Brasil. Dono de forte magnetismo pessoal, arrebanha adeptos com extrema facilidade. É mais consultado por personalidades da vida pública do que se tem notícia.*

A jornalista Joyce Pascowitch fez interessante comentário em sua seção diária no jornal *Folha de São Paulo*[48]:

---

47. Edição especial em forma de caderno da *Gazeta Mercantil*, 1982.
48. Caderno Folha Ilustrada, 14/11/1988, p.2,

Jorge Amado não seria o autor brasileiro de maior sucesso no exterior. A afirmação vem do adido cultural do Brasil na Itália, Francisco Rondó, que aponta o médium Chico Xavier como o imbatível best seller pelo mundo afora. Os livros psicografados pelo líder espírita – além de traduzidos para mais de 50 idiomas – alcançam tiragens numericamente superiores às do pai da Gabriela.

Em pesquisa de opinião pública efetivada pelo Instituto *Vox Populi* [49], no final de 1995, sobre as personalidades que deram felicidade ou alegria aos brasileiros, aparecem em 1º lugar empatados Pelé e Ayrton Senna, com 96%. Em 17º lugar está Chico Xavier com 66%.

Torna-se difícil se aquilatar a projeção da obra psicográfica de Chico Xavier. Mas, há alguns indícios, como o volume de obras publicadas, atingindo cerca de 13 milhões de exemplares só pela Federação Espírita Brasileira[50], que publica as obras chamadas de "clássicas", recebidas pelo médium, e enorme quantidade lançada por várias editoras como a CEC, Lake, IDE, Geem, Ideal, CEU, Feesp e O Clarim. Há ainda as traduções para dezenas de línguas. Em espanhol há vários livros de Chico Xavier publicados por diversas editoras. Provavelmente, a maior editora de livros de Chico, em espanhol, seja a *Mensaje Fraternal*, de Caracas (Venezuela), que tivemos a oportunidade de visitar em 1992. Esta promove uma intensa divulgação das referidas obras em países hispânicos.

Um aspecto praticamente imensurável é relacionado com o consolo e estímulo que ele ofereceu a milhares de famílias que o procuraram durante tantas décadas. Brasi-

49. O brasileiro segundo ele mesmo, *Veja*, ano 29, 10/1/96. pp. 48-57.
50. Informações prestadas por Altivo Ferreira na USE: jornal *Dirigente Espírita*, São Paulo, no. 37, set.-out./1996, p.12.

leiros e estrangeiros o procuravam. Marcou-nos uma cena que assistimos em maio de 1977. Compareciam ao Grupo Espírita da Prece um casal de portugueses e um norte-americano, diretor de poderosa empresa de Miami. Este havia perdido um filho e não titubeou em vir procurar Chico Xavier, de quem além das palavras de conforto, levou de presente obras como *Jovens no além* e *Somos seis*. Na fase de pleno atendimento, Chico psicografava, em público, mais de uma dezena de cartas por semana. Em diversas visitas assistimos à psicografia de 6 a 7 cartas familiares numa única noite. Num final de semana de novembro de 1983, entre as reuniões do Grupo Espírita da Prece e de Peirópolis, contamos 13 cartas familiares além de duas mensagens doutrinárias e uma "Oração de Natal". Aliás, Paulo Severino realizou importante e detalhada pesquisa sobre a identificação dos espíritos comunicantes[51].

Até 1995, apareceram entrevistas de Francisco Cândido Xavier na TV. Ainda são reapresentados documentários sobre ele na TV e surgem reportagens em várias revistas brasileiras.

Um fato muito simples, corrobora o que pensamos a propósito da projeção da obra de Chico Xavier, basta prestar atenção na quantidade de pessoas que são vistas lendo seus livros em trajetos de transporte coletivo e naqueles que leem e valorizam os folhetos que passam de mão em mão...

51. Severino, Paulo Rossi. *A vida triunfa*, São Paulo: Editora Folha Espírita, 1990.

Parte 2

As repercussões após a desencarnação

2.1

INSPIRAÇÃO PARA DIVULGAÇÕES E O PROJETO DO CENTENÁRIO DE CHICO XAVIER

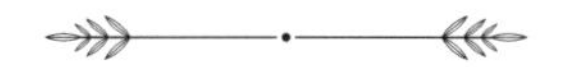

EMBORA SEMPRE MANTIVÉSSEMOS MUITO interesse e atenção sobre a vida e obras de Chico Xavier, haja vista as visitas constantes que fizemos a ele em Uberaba, há um episódio interessante que ocorreu poucos anos após a desencarnação do mesmo.

Entre os dias 30 de junho e 2 de julho de 2006, estávamos desenvolvendo um seminário para trabalhadores espíritas a convite da Federação Espírita Espanhola, num centro de convenções da cidade de San Martín de Valdeiglesias, próxima a Madrid. Numa noite, ao deitar, começamos a pensar na obra de Emmanuel, que citamos durante o seminário, e repentinamente lembramos que estávamos próximo à cidade de Ávila, um dos locais do cenário do romance *Renúncia*. Na sequência surgiu fortemente um pensamento para darmos mais ênfase à divulgação das obras de Chico Xavier, já que tínhamos nos beneficiado muito do contato com o médium amigo.

Ao retornarmos ao nosso lar, continuamos a meditar

sobre o fato ocorrido, que entendemos como uma inspiração. Num primeiro momento passamos a reler com atenção os romances históricos de Emmanuel. A partir daí elaboramos vários artigos para a imprensa espírita e desenvolvemos muitas palestras sobre tais obras. Nesse contexto mental tivemos uma outra inspiração, no sentido de se preparar eventos sobre o Centenário de Chico Xavier, ideia que apresentamos ao presidente da FEB com antecedência de mais de três anos.

Essa ideia inicial obteve apoio de muitos companheiros e dirigentes da FEB, ampliou-se e deu origem ao "Projeto Centenário de Chico Xavier" que apresentamos e foi aprovado pelo Conselho Federativo Nacional da Federação Espírita Brasileira em sua reunião de 2008, e por sua decisão tivemos a honra de ser o coordenador geral. A revista *Reformador* traz muitas informações sobre todas as etapas dessas ações.

O "Projeto Centenário de Chico Xavier" desenvolveu-se durante o ano de 2010 com o objetivo de: enfatizar a obra de Chico Xavier e contribuir com a preservação de sua memória; realizar o 3º Congresso Espírita Brasileiro, em Brasília, tendo como tema central: "Chico Xavier: Mediunidade e Caridade com Jesus e Kardec"; providenciar uma edição especial comemorativa da primeira obra psicográfica de Chico Xavier *Parnaso de além-túmulo*, para lançamento no 3º Congresso Espírita Brasileiro; preparar a elaboração de DVD e de livro que sintetizem as obras e as ações de Chico Xavier; providenciar o lançamento de Selo Personalizado comemorativo; destacar nas edições de *Reformador* durante o ano de 2010, as obras psicográficas de Chico Xavier e lançar uma Edição Especial desta revista em abril de 2010; estimular a realização pelas Entidades Federativas Estaduais de eventos regionais e estaduais para ampliar a divulgação da Doutrina Espírita.

A abertura do "Projeto Centenário de Chico Xavier" aconteceu com eventos em Pedro Leopoldo – terra natal de Chico Xavier, no dia 1º de janeiro de 2010, onde acompanhamos o presidente da FEB, Nestor João Masotti, e dirigentes da UEM. Houve uma caminhada de espíritas saindo da Praça Chico Xavier e passando por locais onde Chico Xavier fundou e atuou: o Centro Espírita Luiz Gonzaga e Centro Espírita Meimei, e, na "Casa de Chico Xavier". Evento no Centro Espírita Luiz Gonzaga e confraternização e seresta numa instituição beneficente espírita.

Abertura do Centenário de Chico Xavier no C. E. Luiz Gonzaga, vendo-se Altivo Ferreira, Célia Diniz, Nestor Masotti, Marival Veloso, Cesar Perri e Wagner Paixão.

No dia 13 de março de 2010 ocorreram inaugurações em Pedro Leopoldo do Espaço Cultural Chico Xavier, e dos prédios reformados na Fazenda Modelo. No mesmo dia no final da tarde aconteceu a exibição em *avant prèmiere* do filme "Chico Xavier", em dependências da LANAGRO.

No dia 2 de abril de 2010 houve a inauguração do Memorial do Luiz Gonzaga, anexo ao centro de mesmo nome, oportunidade em que representamos o presidente da FEB. Neste Memorial, anexo ao Centro Espírita Luiz Gonzaga foi montada a Mostra Chico Xavier, organizada por Oceano Vieira de Melo.

Banda da Polícia Militar de MG e *out door* homenageiam Chico Xavier em Pedro Leopoldo, 02-04-2010.

Mostra sobre Chico Xavier na inauguração do Memorial Luiz Gonzaga, 02-04-2010.

Cerimônia no dia 2 de abril no C.E.Luiz Gonzaga, vendo-se Cidália (irmã de Chico), Perri, dirigente local, contemporâneo de Chico Jaques Albano da Costa, Arnaldo Rocha, Oceano, Wagner e Kemper.

Nas vésperas do 3º Congresso Espírita Brasileiro, houve uma Sessão Solene da Câmara dos Deputados, em Brasília, em homenagem ao Centenário de Chico Xavier, no dia 13 de abril. Mesa dirigida pelo presidente da Câmara, deputado Michel Temer; usaram da palavra vários deputados como Luiz Carlos Bassuma (BA), Raquel Teixeira (GO), Paulo Piau Nogueira (MG), líderes partidários e o próprio presidente da Câmara.

Sessão Solene na Câmara dos Deputados em homenagem a Chico Xavier, conduzida pelo presidente da Câmara, Michel Temer.

Em outro capítulo comentamos sobre o 3º Congresso Espírita Brasileiro.

Nos dias 3 e 4 de julho de 2010 houve também palestra alusiva ao aniversário do Centro Espírita Luiz Gonzaga, em Pedro Leopoldo. E também um encontro de dirigentes das Federativas de Minas Gerais, Goiás e Espírito Santo, promovida pela Secretaria Geral do Conselho Federativo

Nacional da FEB, para o lançamento da publicação *Orientação aos órgãos de unificação*. Foi uma movimentada atividade no Espaço Cultural Chico Xavier, na Fazenda Modelo, sob nossa coordenação e de Aston Brian (GO).

Equipe dos Estados do Centro no Seminário no Espaço Cultural Chico Xavier, julho de 2010.

Seminário no Espaço Cultural Chico Xavier, em Pedro Leopoldo, coordenado pela Secretaria Geral do CFN da FEB, com presença da atriz Ana Rosa e presidente da UEM, julho de 2010.

A 21ª Bienal Internacional do Livro, realizada no Centro de Exposições Anhembi, em São Paulo, nos dias 12 a 22 de agosto de 2010, contou com um *stand* da FEB com destaque para o Centenário, com "linha do tempo" de todas as obras de Chico Xavier e divulgação das obras do citado médium.

As ações do "Projeto Centenário de Chico Xavier" prosseguiram.

Fato histórico foi a realização de uma Reunião Extraordinária do Conselho Federativo Nacional da FEB fora da sede da FEB, na cidade de São Paulo, dentro das comemorações do Centenário para apresentação da *avant prèmiere* do filme "Nosso Lar".

Em novembro de 2010 ocorreram eventos comemorativos em Uberaba, na Comunhão Espírita Cristã e no Grupo Espírita da Prece, ambos fundados por Chico Xavier, e com a presença do presidente da FEB.

O encerramento de todas as atividades do "Projeto" aconteceu na sede da União Espírita Mineira e em Pedro Leopoldo, já em março de 2011.

Na noite do dia 26 de março foi inaugurada a nova sede da UEM e da Mostra do Acervo sobre a obra de Chico Xavier. Houve descerramento da placa de inauguração pelo presidente da UEM, Marival Veloso de Matos, oportunidade em que representamos o presidente da FEB. No dia seguinte, na sede histórica da UEM houve homenagem a Chico com falas dos dirigentes já citados da UEM e da FEB, Célia Diniz (C. E. Luiz Gonzaga, Pedro Leopoldo), Eugênio Eustáquio dos Santos (G. E. Meimei, Pedro Leopoldo), Jhon Harley Marques (Aliança Municipal Espírita de Pedro Leopoldo), Wagner Gomes da Paixão que leu mensagens ali psicografadas, e Gasparina dos Anjos de Jesus, ex--presidente da Federação Espírita do Estado do Acre.

Mesa em comemoração do Centenário na União Espírita Mineira, março de 2011.

No dia 28 de março, também houve comemoração no Centro Espírita Luiz Gonzaga, em Pedro Leopoldo, com palestra de Cesar Perri e saudação pelo deputado estadual Fábio Cherem. Compareceram dirigentes da UEM, Arnaldo Rocha, Wagner Gomes da Paixão e Oceano Vieira de Melo.

Mas o "Projeto" também envolveu estímulo a eventos promovidos pelas Entidades Federativas Estaduais; estímulo à difusão das obras psicografadas por Chico Xavier; programas e entrevistas difundidos pelas TVs; e edição especial da revista *Reformador*. Muitos outros eventos foram desenvolvidos e vários por iniciativa de grupos afins, como os Encontros dos Amigos de Chico Xavier. No Relatório Final do Projeto relacionamos mais de 600 eventos e ações realizados em todo o país alusivos ao Centenário de Chico Xavier.

Tivemos conhecimento de que na data do aniversário de Chico Xavier – dia 2 de abril – até em algumas igrejas católicas, o pároco fez referência ao homem de bem, evidentemente que não citando detalhes sobre a ação mediúnica de Chico Xavier.

Em capítulos seguintes aparecem relatos sugestivos sobre alguns momentos do Centenário de Chico Xavier.

2.2

O "FUNCIONÁRIO EXEMPLAR"

TIVEMOS A INICIATIVA DE visitar Pedro Leopoldo, juntamente com Altivo Ferreira, vice-presidente da FEB, e de Marival Veloso de Matos, presidente da UEM, em junho de 2008, em seguida a uma Reunião da Comissão Regional Centro do Conselho Federativo Nacional da FEB, realizada na União Espírita Mineira, em Belo Horizonte. Ficamos chocados com o abandono da Fazenda Modelo e nos interessamos em buscar um encaminhamento para a recuperação de prédios históricos onde trabalhou Chico Xavier como funcionário do Ministério da Agricultura e as residências do administrador Rômulo Joviano, onde Chico psicografou muitas mensagens e, inclusive, o livro *Paulo e Estêvão*. Ao retornar para Brasília, relatamos a visita e contamos com o apoio do presidente da FEB, Nestor João Masotti.

Logo depois, localizamos os responsáveis pela Fazenda Modelo, parcialmente utilizada pela Escola de Medicina Veterinária da Universidade Federal de Minas Gerais-UFMG. Comparecemos à Reitoria da UFMG acompanhado de Marival Veloso de Matos e Maurício Albino, respectivamente presidente e vice-presidente da União Espírita Mineira. Verificamos que a responsabilidade da gestão era da Pró-Reitoria de Extensão e ao ser recebido pela Pró-Reitora, Ângela Imaculada Loureiro de Freitas Dalben, tivemos um momento de emoção com duas surpresas: ela era conhecida nossa dos tempos de atuações acadêmicas[52] e que a Reitoria da UFMG tinha interesse na recuperação da citada Fazenda e de destacar o funcionário Chico Xavier que, em vida, foi homenageado pelo Ministério da Agricultura como "funcionário exemplar" e também que reconheciam que Chico era o mais famoso cidadão de Pedro Leopoldo, com reconhecimento no Brasil e no mundo.

A partir desse encontro, tomamos as providências para a elaboração e assinatura de um convênio entre UFMG, FEB e UEM para a recuperação dos imóveis.

No Convênio incluiu-se a preservação da memória de Chico Xavier e das dependências "Escritório e Alojamento" e "Casa Sede". Estas edificações abrigaram, respectivamente, a primeira e a última residência do dr. Rômulo Joviano. Na primeira, há a sala utilizada por Chico Xavier para psicografias, inclusive de *Paulo e Estêvão*. Em ambas, ocorreram semanalmente, as reuniões do Evangelho no lar dos Joviano, com a participação de Chico Xavier, durante cerca de 20 anos. Na proposta de parceria assegurou-se a futura utilização das duas dependências da Fazenda para a disponibilização de livros espíritas na biblioteca, a utilização para eventos espíritas, e para visitação.

52. No trabalho acadêmico fomos Pró-Reitor da UNESP e Consultor do INEP do Ministério da Educação.

Assim, foi oficialmente criado o "Espaço Cultural Chico Xavier" na Fazenda Modelo.[53]

As reformas ocorridas na Fazenda Modelo, em Pedro Leopoldo, para restauração das duas residências do administrador (onde antigamente residiu Rômulo Joviano) e da sede administrativa, onde trabalhou Chico Xavier, foram realizadas mediante convênio entre a FEB, por nós representada por delegação do presidente, pela Universidade Federal de Minas Gerais e União Espírita Mineira. As obras se desenvolveram no ano de 2009, até o início de 2010.

O evento de inauguração, no dia 13 de março de 2010, do Espaço Cultural Chico Xavier e dos prédios reformados na Fazenda Modelo foi marcante e prestigiado por espíritas de várias regiões e autoridades do Município, da UFMG, do Estado de Minas Gerais e da imprensa, inclusive TV. No mesmo dia, no final da tarde, aconteceu a exibição em *avant prèmiere* do filme "Chico Xavier", em dependências da LANAGRO.

O prestígio de Chico Xavier, como "funcionário exemplar" foi a razão que favoreceu toda essa mobilização para a preservação do local, reforçada pelo fato de ser o vulto mais importante da cidade de Pedro Leopoldo.

---

53. Durante nossa atuação na FEB, como diretor e presidente, foram promovidos alguns seminários apoiados pela FEB no Espaço Cultural Chico Xavier.

Inauguração do Espaço Cultural Chico Xavier, vendo-se Perri, a Pró-Reitora da UFMG profa. Dalben e o presidente Masotti.

Arnaldo Rocha, antigo colaborador de Chico Xavier em Pedro Leopoldo, no Espaço Cultural Chico Xavier.

2.3

PALAVRAS QUE SIMBOLIZAM CHICO

POR OCASIÃO DOS PREPARATIVOS para as comemorações do Centenário de Chico Xavier havia uma preocupação em se criar uma logomarca que expressasse bem, e claramente, a missão do médium.

O presidente da FEB, Nestor João Masotti, acompanhou pessoalmente as propostas para definição de uma logomarca, de uma imagem clara e impactante para ser utilizada na divulgação do Centenário. Foi aprovada a proposta de uma empresa de comunicação de São Paulo, tendo ao centro a imagem de Chico Xavier escrevendo e enquadrado com cinco palavras que sintetizam a maneira de ser de Chico: Amor, Espírito, Saber, Fé e Caridade. Houve o cuidado de se verificar nos manuscritos de Chico cada uma das letras de sua caligrafia. Assim, as palavras foram montadas com a própria letra dele.

Esta logomarca foi adotada em todas as ações realizadas no país relacionadas com o Centenário de Chico Xavier.

Em palestras, destacamos essas palavras-chaves

que sintetizam Chico, e procuramos comentar em função de fatos ou de frases extraídas de obras por ele psicografadas.

Por exemplo:

Saber:

O saber espiritual emana dos livros psicográficos, sempre em coerência com as obras básicas de Allan Kardec: estudos sobre o Novo Testamento e romances históricos, pelo espírito Emmanuel; o detalhamento sobre o Mundo Espiritual, pelo espírito André Luiz; o consolo, nas "cartas familiares"; e a beleza das poesias.

Espírito:

Muitas obras sinalizam para identificação dos espíritos comunicantes, com evidências sobre a imortalidade da alma, como o histórico *A psicografia ante os tribunais*; as pesquisas que têm sido feitas nas milhares de cartas familiares e os estudos acadêmicos para identificação de estilos dos autores espirituais.

Fé:

"Não percas a tua fé entre as sombras do mundo. Ainda que os teus pés estejam sangrando, segue para frente, erguendo-te por luz celeste acima de ti mesmo.

[...] Hoje, é possível que a tempestade te amarfanhe o coração e te atormente o ideal, aguilhoando-te com a aflição ou ameaçando-te com a morte.

Não te esqueças, porém, de que amanhã será outro dia..." - Meimei.[54]

---

54. Xavier, Francisco Cândido. Espíritos diversos. *Cartas do coração*. Cap. Confia sempre. São Paulo: LAKE.

Caridade:

A vida de Chico Xavier é uma marcha continuada de prática da caridade. Há inúmeros exemplos.

"A obra da caridade tudo transforma em favor do bem." - Emmanuel.[55]

Amor:

No desenvolvimento deste livro, registramos casos que presenciamos com Chico Xavier que atestam que ele foi o "homem amor". Esta é a marca que o identifica inclusive para aqueles que não são espíritas e o respeitam.

Mas, um verso é significativo:

"Quem ama sem pedir nada/ E as próprias dores bendiz/ Encontrou, por fim, na estrada,/ A bênção de ser feliz." - Luciano dos Reis.[56]

Realmente, Chico Xavier é o homem do bem e da paz, arauto do Mundo Espiritual!

---

55. Xavier, Francisco Cândido. Pelo espírito Emmanuel. *Roteiro*. Cap. 35. Rio de Janeiro: FEB.
56. Xavier, Francisco Cândido. Espíritos diversos. *Rosas com amor*. Cap. 13. Araras: IDE.

A logomarca do Centenário de Chico.

2.4

CUIDADOS NO DIÁLOGO COM ESPÍRITOS

PREVIAMENTE AO CENTENÁRIO DE Chico Xavier, tivemos a oportunidade de entrevistar Arnaldo Rocha, em Belo Horizonte, cuja síntese foi publicada em *Reformador*[57].

Arnaldo Rocha (1922-2012), após a desencarnação de sua esposa, Meimei, foi um colaborador direto de Chico Xavier nos tempos de Pedro Leopoldo. Na entrevista Arnaldo Rocha comentou as orientações iniciais de Emmanuel: "nunca discutir com a entidade comunicante e nem falar que ela já 'morreu'." E lembra dos cuidados e as orientações de Chico Xavier nos diálogos com espíritos enfermiços, revoltados e mesmo em situações que se identifica o animismo, sempre mantendo a tônica da fraternidade.

A propósito das gravações pioneiras das reuniões mediúnicas de Pedro Leopoldo, destacamos um comentário muito oportuno feito pelo entrevistado sobre os cuidados que devem ser adotados. Arnaldo fez referência à mensa-

57. Livros pioneiros obtidos de gravações de psicofonias. *Reformador*. Ano 129. N. 2.190. Setembro de 2011. P. 329-331.

gem "Trio essencial"[58], incluída no livro *Instruções psicofônicas,* em que Emmanuel orientou sobre os cuidados nesses diálogos com espíritos enfermiços. Eis uns trechos:

"O êxito da reunião mediúnica, como corpo de serviço no plano terrestre, exige três elementos essenciais: O orientador. O médium. O assistente.

Nesse conjunto de recursos tríplices, dispomos de comando, obediência e cooperação.

O primeiro é o cérebro que dirige. O segundo é o coração que sente. O terceiro é o braço que ajuda. Sem a segurança e a ponderação do cérebro, seremos arremessados, irremediavelmente, ao desequilíbrio.

Sem o carinho e a receptividade do coração, sofreremos o império do desespero. Sem o devotamento e a decisão do braço, padeceremos a inércia.

Contudo, para que o trio funcione com eficiência, são necessários três requisitos na máquina de ação em que se expressam: Confiança. Boa-vontade. Harmonia."

Também em resposta à indagação nossa, Arnaldo estabeleceu uma relação com obras de Allan Kardec:

"No ano da comemoração dos 150 anos de *O Livro dos Médiuns*, aconselho a leitura e o estudo deste livro e também de *O Céu e o Inferno*, que contém relatos de manifestações espirituais, pois entendo que ambos são grandes desconhecidos dos espíritas".

Posteriormente, aos 20 de julho de 2012, estávamos como presidente interino da FEB e abrimos as portas da Instituição para o lançamento dos DVDs "Instruções Psi-

---

58. Xavier, Francisco Cândido. Espíritos diversos. *Instruções psicofônicas*. Cap. 59. FEB.

cofônicas & Vozes do Grande Além" editado pela Versátil Vídeo Spirite (São Paulo), com a presença de Arnaldo Rocha[59], que era o dirigente do Grupo Meimei onde as manifestações foram gravadas no início dos anos 1950, e de Oceano Vieira de Melo, o produtor dos DVDs. Na oportunidade comemorou-se os 10 anos da desencarnação do médium mineiro. Os três DVDs contêm mensagens do Chico Xavier na voz de Emmanuel, André Luiz, Batuíra, Meimei, Cairbar Schutel, Teresa d'Ávila, Guillon Ribeiro, Leopoldo Cirne, Augusto dos Anjos, dentre outros espíritos. Organizadas por Oceano Vieira de Melo, as gravações são comentadas por Arnaldo Rocha, amigo de Chico e marido de Meimei, que dirigiu essas memoráveis reuniões mediúnicas.

Os dois livros citados são históricos porque foram obtidos de manifestações psicofônicas, posteriormente transcritas com a coordenação de Arnaldo Rocha.

59. Arnaldo Rocha desencarnou três meses depois aos 90 anos de idade.

2.5

A IRMÃ DE CHICO QUE PROVOCOU SUA CONVERSÃO AO ESPIRITISMO

COMO PREPARATIVOS PARA AS comemorações do Centenário de Chico Xavier e no transcorrer do mesmo, fizemos muitos contatos com amigos, colaboradores e familiares de Chico Xavier.

Assim, chegamos ao lar de Sidália Xavier Silva, em Sabará (MG), filha de Maria da Conceição Xavier (1907-1980) e de Jacy Pena. Maria foi a irmã de Chico Xavier, protagonista de situações que levaram o então jovem Chico Xavier a conhecer a doutrina espírita nos idos de maio de 1927.

Lembramos que Maria da Conceição Xavier estava doente, com um doloroso processo de obsessão, embora na época e no seio familiar não soubessem do que se tratava. Em 7 de maio de 1927 foi tratada carinhosamente pelo casal de espíritas Carmem e José Hermínio *Perácio*. Ninguém era espírita no lar de Chico. Em função deste fato é que o jovem Chico Xavier começou a ler as obras de Allan Kardec; logo depois fundou o Centro Espírita Luiz Gonzaga, em Pedro Leopoldo, e no dia 8 de julho de 1927 psicografou uma mensagem pela primeira vez.

Poucos anos depois Maria se casa com Jacy Pena e se mudam para a cidade de Sabará onde vieram a fundar instituições espíritas.

No dia 2 de julho de 2010, aproveitando compromissos nossos na Semana Chico Xavier no Centro Espírita Luiz Gonzaga, em Pedro Leopoldo, fomos a Sabará levados por Wagner Gomes Paixão e acompanhado de nossa esposa, Célia Maria Rey de Carvalho, e do filho Flávio Rey de Carvalho, aliás em dia de jogo do Brasil na Copa do Mundo...! Mas estávamos todos bem centrados do marcante diálogo. Contando com carinhosa recepção entrevistamos Sidália juntamente com seu irmão Paulo Pedro Pena, filhos de Maria da Conceição Xavier. Os irmãos Sidália e Paulo nos relataram fatos marcantes da dedicação da genitora deles ao espiritismo, as dificuldades dela e também sobre o filho de Maria, Amaury Pena (1933-1961), excelente médium, que se desequilibrou e causou dissabores a Chico.

Os dois sobrinhos de Chico mostraram cartas de Chico para a irmã Maria e, depois, também de cartas espirituais de Maria psicografadas por Chico. Exibiram alguns documentos históricos e nos levaram para visitar obras fundadas por Maria, a Agremiação Espírita "Casa do Caminho", que estava completando 70 anos de fundação, e o Abrigo Irmã Tereza de Jesus.

Uma parte da entrevista gravada com os irmãos Sidália

e Paulo publicamos na revista *Reformador*.[60] Eis uns trechos dessa entrevista:

> "[...] lembramos de visitas de Chico Xavier a nossos pais, inclusive acompanhado de amigos, como Clóvis Tavares, participando de reuniões familiares aos domingos. Nossa mãe gostava de ensinar as crianças a cantar e declamar e estimulava a leitura do livro *Sementeira cristã*, de Clóvis Tavares, um dos primeiros livros espíritas voltados para a infância e juventude. [...] Depois que Chico Xavier se mudou para Uberaba, Maria Xavier nunca pôde ir visitá-lo, mas nós estivemos lá várias vezes. E ele esteve algumas vezes visitando a "Casa do Caminho" e também esteve na residência de familiares, inclusive após a desencarnação de Maria (ocorrida em 4/1/1980), oportunidade em que fez questão de ir visitar o túmulo da irmã. Chico psicografou várias mensagens de Maria Xavier e a primeira delas foi no dia 6/3/1980, em Uberaba. Nessas mensagens e em conversas conosco surgiram muitos esclarecimentos sobre as dificuldades, enfermidades e casos de obsessão, inclusive sobre nossos irmãos Amauri e David, deixando claro que eram compromissos reencarnatórios da família."

No diálogo e na entrevista com os filhos de Maria Xavier, fica claro que Chico Xavier não teve privilégios. No seio da própria família surgiram médiuns, alguns se desequilibraram e Chico soube superar as situações e mantendo laços amigos e fraternos com os familiares.

60. Entrevista. Sidália Xavier Silva e Paulo Pedro Pena. Instituição fundada por familiares de Chico Xavier. *Reformador*. Ano 128. No. 2.179. Outubro de 2010. P. 385-387.

Nessa visita a Sabará tivemos conhecimento de importantes episódios históricos sobre a relação de Chico Xavier com seus familiares, em Pedro Leopoldo e em Uberaba, e sobre visitas que o médium fez às obras fundadas pela sua irmã Maria.

Família Xavier em 1930: Chico é o terceiro da esquerda para direita, entre sua irmã Carmozina Xavier Pena e o pai João Cândido Xavier. Da direita para esquerda: a irmã Maria da Conceição Xavier Pena com o marido Jacy Pena.

Entrevista SIDÁLIA XAVIER SILVA E PAULO PEDRO PENA

Instituição fundada por familiares de Chico Xavier

A Agremiação Espírita "Casa do Caminho", de Sabará (MG), completa 70 anos em outubro. Foi fundada por uma irmã de Chico Xavier. Ao ensejo do Centenário de Chico Xavier, é oportuno o registro sobre seu apoio à família e outras instituições. Os fatos são relatados por seus sobrinhos Sidália Xavier Silva e Paulo Pedro Pena, filhos de Maria da Conceição Xavier. Foi o atendimento da obsessão de Maria um dos fatores que levou Chico Xavier ao Espiritismo, em 1927

Reformador: *Qual lembrança de infância têm do tio Chico Xavier?*

Sidália e Paulo: Nossos genitores, Maria Xavier e Jacy Pena, mudaram-se de Pedro Leopoldo para Sabará nos idos de 1936. Chico Xavier acompanhou a mudança e a seu pedido fomos amparados por amigos, como Juquinha Perácio, que até providenciou emprego para nosso pai. Nossa mãe era doente e a família não tinha condições fáceis. Sidália já nasceu em Sabará. Mas, lembramos de visitas de Chico Xavier a nossos pais, inclusive acompanhado de amigos, como Clóvis Tavares, participando de reuniões familiares aos domingos.

crianças a cantar e declamar e estimulava a leitura do livro *Se-*res, um dos primeiros livros espíritas voltados para a infância e

Sobrinhos de Chico em entrevista: Sidália e Paulo.

2.6

O ESPÍRITO ISRAELITA

FATOS INTERESSANTES QUE ASSINALAM a identificação espiritual e o respeito às crenças de espíritos recém-desencarnados, transparecem em uma série de cartas do espírito Roberto Muszkat, psicografadas por Chico Xavier e que foram enfeixadas no livro *Quando se pretende falar da vida.*[61]

Na Apresentação desse livro o editor Caio Ramacciotti informa que Roberto Muszkat nasceu na capital paulista a 16 de novembro de 1959. Filho do médico Chyja David Muszkat e de Sônia Golcman Muszkat, era o primogênito de uma bela família, alegre, feliz e solidamente estruturada. Seus irmãos, Rachel, Renato, Rosana, Moises Aron e Ricardo, formavam com Roberto os vértices da estrela de seis pontas que, além de simbolizar os princípios israelitas, representava para os Muszkat a estrela da paz e da harmonia que iluminava o universo familiar. Contudo, na noite de 14 de março de 1979, ao fazer uso de um tópico nasal, o jovem foi acometido por fatal choque

61. Xavier, Francisco Cândido; Muszkat, Roberto; Muszkat, David. *Quando se pretende falar da vida.* São Bernardo do Campo: GEEM. 1983.

anafilático - reação alérgica súbita e extremamente grave - falecendo imediatamente.

Meses depois os pais, em desespero, mesmo sendo judeus convictos, foram orientados a procurar o médium Chico Xavier, em Uberaba.

Em entrevista feita por Oceano Vieira de Melo e por nós, com o casal Sônia e David Muszkat, em São Paulo, surgiram alguns detalhes marcantes, como o relatado pela genitora do jovem:

"Na segunda mensagem, vieram palavras hebraicas escritas em português. Eu fiquei realmente paralisada. Vieram palavras de reza; ele dizia como havia sido recebido pelo avô; sobre a Páscoa, porque ele morreu e o judeu fica oito dias em casa, e nós terminamos esses dias e começou a Páscoa. E ele contou como o avô paterno dele, Moisés Aaron Muszkat, foi buscá-lo para a festa da Páscoa; que os amigos do avô o receberam num salão, com os cânticos em hebraico. Eu levei a mensagem para um rabino ler. Uma dessas orações da carta, exatamente a da parte em que os amigos do avô paterno o receberam, é a mesma reza que se faz aqui, na despedida com o corpo presente. E ele trouxe muitas novidades sobre colônia judaica no Além, o que se repetiu em outras mensagens posteriores.

Um dos assistentes do Chico ainda frisou: "Essas mensagens do Roberto são muito importantes", porque ele era o único espírito judeu que, até então, havia trazido mensagens da colônia judaica; ainda não haviam tido nenhuma experiência ou notícia sobre isso. O interessante é que as palavras hebraicas, nas mensagens, sempre apareciam no momento certo. O Chico, como meu esposo falou, jamais ia saber hebraico. Então são coisas que funcionaram como provas concretas, e que fizeram bem não só para mim, porque mesmo os pais que não recebiam mensagens ficavam satisfeitos ao ouvir a mensagem dos outros. Parecia que era para todos os pais."[62]

O espírito manifestante registrou vários pontos de identificação em suas mensagens, convencendo plenamente seus pais.

No Prefácio do livro citado, Emmanuel comenta:

"Em que preceito nos basearíamos para recusar as manifestações de Roberto Muszkat, irrepreensível observador das diretrizes da digna comunidade a que se agrega, unicamente porque se faz leal seguidor dos Antigos Profetas de cujo tronco nos veio a presença de Nosso Senhor Jesus Cristo, um dia supliciado na cruz dos romanos? Acaso, estaria o autor deste livro obrigado a pensar por nossa cabeça? Com que direito lhe pressionaríamos o pensamento livre para deixar de expressar-se como melhor lhe pareça?

A entidade espiritual Roberto, até à época das suas mensagens, manteve-se no Mundo Espiritual fiel à tradição judaica, o que fortaleceu a sua identificação. Apresentou-se como um autêntico espírito israelita, o que foi respeitado por Emmanuel conforme seu registro no Prefácio do livro.

As cartas espirituais de Roberto a seus pais provocaram forte impacto neles, reequilibrando-os, face a certeza que ele prosseguia vivo na dimensão espiritual.

Além da certeza da sobrevivência espiritual, o episódio reforça o esclarecimento de que os espíritos desencarnados não passam por transformações imediatas em termos de

---

62. Carvalho, Antonio Cesar Perri; Melo, Oceano Vieira (Org.). *Depoimentos sobre Chico Xavier*. Cap. 7. Rio de Janeiro: 2010.

conhecimento espiritual pela condição de estarem livres do corpo material. E aponta também para o fato de que deve existir uma grande diversidade de ambientações nas colônias espirituais, haja vista a referência que o jovem desencarnado fez ao salão em que ele foi conduzido, com os cânticos em hebraico.

2.7

LIBERTAÇÃO DAS ALMAS

NO DIA 2 DE abril de 2010, exatamente no dia do Centenário de nascimento de Chico Xavier, houve a inauguração do Memorial do Luiz Gonzaga, anexo a centro de mesmo nome, em Pedro Leopoldo, a terra natal do médium.

Na oportunidade representamos o presidente da FEB e estavam presentes representantes da Municipalidade, Banda da Polícia Militar do Estado de Minas Gerais, dirigentes da UEM, Arnaldo Rocha, Oceano Vieira de Melo, Terezinha Oliveira (de Campinas), parentes e amigos de Chico Xavier.

No final da cerimônia assistimos a um fato inesquecível e emocionante: o mestre de cerimônias solicitou que abrissem uns engradados cobertos, que se encontravam cheios de pombas, e estas iniciaram voos, sendo comentado pelo cerimonial, fazendo comparação com o voo livre das pombas, em um belo bailado aéreo:

"[...] a libertação das almas iluminadas pelo Evangelho à luz do espiritismo, que por aqui estiveram, ao se desprenderem do corpo físico".

Essa frase é muito significativa.

Chico Xavier atuou no Centro Espírita Luiz Gonzaga desde a fundação em 1927 até sua mudança para Uberaba, em janeiro de 1959.

Nesse local atendeu semanalmente muitos milhares de pessoas que o procuravam sedentos de consolo e esclarecimento espiritual.

A partir do diálogo de Chico Xavier com as pessoas, sempre solícito e fraternal, iniciava-se um atendimento que, sem dúvida, envolvia o tratamento espiritual dos encarnados e dos desencarnados que eram por eles atraídos.

Alguns desses espíritos eram acolhidos em postos de atendimento do Mundo Espiritual, outros eram envolvidos na esfera de atendimento do próprio Centro em função de suas reuniões. Nas reuniões mediúnicas Chico Xavier atuava não apenas como médium de espíritos esclarecidos e orientadores, mas também para manifestação de espíritos enfermiços.

Inclusive, um grupo de colaboradores do Centro Espírita Luiz Gonzaga, incluindo Chico Xavier, constituíram o Grupo Meimei, voltado ao atendimento de espíritos enfermiços.

Chico Xavier transmitiu a Arnaldo Rocha, que era o coordenador desse Grupo, algumas recomendações de Emmanuel, como "nunca discutir com a entidade comunicante e nem falar que ela já 'morreu'..."[63] Ou seja, o tom da fraternidade deve prevalecer no diálogo com espíritos necessitados de acolhimento e apoio.

A essa altura cabem dois comentários sintéticos

---

63. Livros pioneiros obtidos de gravações de psicofonias. *Reformador*. Ano 129. N. 2.190. Setembro de 2011. P. 329-331.

do espírito Emmanuel sobre o atendimento de espíritos enfermiços:

"[...] com a mediunidade esclarecida, é fácil aliviá-los e socorrê-los."[64]

"[...] Reunamo-nos nas bases a que nos referimos, sob a inspiração do Cristo, Nosso Mestre e Senhor, e as nossas reuniões mediúnicas serão sempre um santuário de caridade e um celeiro de luz."[65]

Os livros do espírito André Luiz, conhecidos como série Nosso Lar, esclarecem magistralmente os processos de libertação espiritual.

Sem dúvida, o exemplo no bem persistente de Chico Xavier, o seu amor em ação, fizeram dele um valoroso intermediário para a libertação de almas.

Bailado das pombas na inauguração do Memorial anexo ao Centro Espírita Luiz Gonzaga, em Pedro Leopoldo, no dia 2 de abril de 2010.

64. Xavier, Francisco Cândido. Pelo espírito Emmanuel. *Seara dos médiuns*. Cap. 55. Rio de Janeiro: FEB.
65. Xavier, Francisco Cândido. Espíritos diversos. *Instruções psicofônicas*. Cap. 59. Rio de Janeiro. FEB.

2.8

MEDIUNIDADE E CARIDADE COM JESUS E KARDEC

COMO PARTE DO PROJETO Centenário de Chico Xavier, ocorreu o 3º Congresso Espírita Brasileiro, promovido pelo Conselho Federativo Nacional da FEB, tendo como tema central *Chico Xavier: Mediunidade e Caridade com Jesus e Kardec.* Foi realizado no Centro de Convenções Ulysses Guimarães, em Brasília, nos dias 16 a 18 de abril de 2010.

Mais de doze mil pessoas compareceram nos três dias e na palestra pública no último dia, oriundos de mais de 40 países. Houve transmissão ao vivo para o Brasil e para o mundo pela TV do Conselho Espírita Internacional (www.tvcei.com) e, onze mil pontos de acesso no Brasil, incluindo transmissões para auditórios de várias cidades.

Um fato marcante foi a abertura do Congresso que contou com a presença do vice-presidente da República, José Alencar Gomes da Silva. Este fez questão de comparecer pelo fato de ser mineiro e do Congresso homenagear um dos grandes vultos do Estado de Minas Gerais.

Atuaram como expositores: Divaldo Pereira Franco (BA), Evandro Noleto Bezerra (FEB), César Soares dos Reis (RJ),

Haroldo Dutra Dias (MG), Antonio Cesar Perri de Carvalho (FEB), Gladys Petersen (RS), Marta Antunes Moura (FEB), Sandra Borba Pereira (RN), Nestor João Masotti (FEB), Marlene Rossi Severino Nobre (SP), André Trigueiro (RJ), Arnaldo Rocha (MG), Nena Galves (SP), Mayse Braga (DF), Décio Iândoli Júnior (MS), Marival Veloso de Matos (MG), Alberto Almeida (PA), Charles Kempf (França), José Raul Teixeira (RJ), e os atores Ana Rosa (RJ), Carlos Vereza (RJ) e Arnaldo Prieto (RJ). Em momentos lítero-musicais atuaram: Paulo Figueiredo (SP), Plínio de Oliveira (PR).

Mesa de abertura do 3º Congresso Espírita Brasileiro tendo ao centro o presidente da FEB e o vice-presidente da República.

Neste Congresso aconteceram fatos que não são comuns, ou seja, homenagens oficiais da República a grandes vultos: lançamento em homenagem a Chico Xavier de selo comemorativo dos Correios do Brasil e uma edição limitada de moedas comemorativas feitas pela Casa da Moeda do Brasil, nas versões bronze, prata e ouro.

Medalhas comemorativas da Casa da Moeda, abril de 2010.

Vários livros alusivos à vida e obra de Chico Xavier foram lançados no evento. Editados pela FEB foram lançados no evento: edição especial de *Parnaso de além-túmulo*; o "kit" (livro e dois DVDs); *Chico Xavier, o obreiro do Senhor, e Castro Alves, o apóstolo da liberdade*; e *Depoimentos sobre Chico Xavier*"[66]. Este último contém entrevistas com companheiros que conviveram com Chico Xavier em Pedro Leopoldo e em Uberaba e o livro também inclui dois DVDs com as gravações das entrevistas.

No mesmo evento o Conselho Espírita Internacional lançou *Chico Xavier – O homem e o médium*, edições em fran-

66. Organizado por Antonio Cesar Perri de Carvalho e Oceano Vieira de Melo. Edição FEB. 2010.

cês e em português, de autoria de Mikael Ponsardin, espírita francês da cidade de Lyon.

No Congresso histórico e marcante, todos os expositores focalizaram aspectos da vida e da obra do homenageado. Vários deles, pelo fato de terem conhecido o médium, acrescentaram informações sobre suas relações com Chico. As homenagens oficiais de Estado, as palestras, os livros lançados e o ambiente marcado pela confraternização de espíritas de todas as regiões do país e do exterior realçaram o papel desempenhado pelo grande missionário, exemplo da prática da "Mediunidade e caridade com Jesus e Kardec"!

A propósito do tema central, uma característica de Chico Xavier, destacamos:

"A mediunidade, faculdade que possibilita ao homem comunicar-se com os espíritos desencarnados, existe desde que o ser humano se encontra na Terra, tendo sido sempre instrumento da Providência Divina para a evolução da Humanidade.

A caridade, conforme a entende Jesus, ou seja, "benevolência para com todos, indulgência para as imperfeições dos outros, perdão das ofensas", é, para o homem, a expressão mais elevada da lei de amor que emana de Deus.

[...] Sabemos, com a doutrina espírita, que Jesus é o Guia e Modelo da Humanidade. Agora temos, também, mais próximo de nós, o exemplo de Chico Xavier, que orienta, motiva e serve de referência para o exercício na prática do bem, que nos cabe realizar."[67]

67. Editorial. Chico Xavier, mediunidade e caridade com Jesus e Kardec. *Reformador*. Ano 128. N. 2.173. Abril de 2010. P. 122.

2.9

CHICO XAVIER NA MÍDIA EM GERAL E EM FILMES

A PRESENÇA DE MATÉRIAS sobre Chico Xavier na mídia durante o ano do seu Centenário demonstra o interesse que sua vida e obras suscitam junto ao povo.

Um programa de grande audiência da TV Globo "Mais Você", de Ana Maria Braga, focalizou Chico Xavier, e, inclusive fomos convidados para em nome da FEB, com autorização do presidente, Nestor João Masotti, sermos entrevistado no programa no dia 6 de novembro de 2009, falando sobre o Centenário do médium.

Em março de 2010 a TV Globo produziu dois programas de grande audiência com documentários sobre Chico Xavier: "Globo Repórter" e "Globo News Especial".

Chico Xavier foi focalizado e matéria de capa em duas revistas de grande circulação: *Época* (Editora Globo, março de 2010) e *Super Interessante* (Editora Abril, abril de 2010).

Em nível internacional também ocorrem várias comemorações por ocasião do Centenário de Chico Xavier. Representamos o Conselho Espírita Internacional no 4º Simpósio Espírita dos Estados Unidos, promovido pelo

Conselho Espírita dos Estados Unidos, em Fort Lauderdale (Flórida), no dia 24 de abril. Falamos sobre o Centenário, e, todos os participantes receberam um exemplar da revista editada em inglês pelo CEI *The Spiritist Magazine*, tendo Chico Xavier como matéria de capa.

Capa de *The spiritist magazine*, Estados Unidos, abril/junho de 2010.

PN Psychic News

Saturday 8th May 2010

Unprecedented celebrations honour Brazilian medium's centenary

Michael Tymn's Best Evidence

Jazz musician tells of angels on his stage

Win a copy of Heart to Heart by Pea Horsley

THE BRITISH ASSOCIATION OF CLAIRVOYANTS & MEDIUMS

01843 871111

0906 111 4483 UK 1580 476 876 Eire

www.britishclairvoyants.com

PN – Spiritualism's independent weekly newspaper

Primeira página de *Psychic News*, Londres, 6/5/2010.

No Reino Unido, visitamos a *Spiritualist Association of Great Britain*, em Londres, onde fomos acolhidos pela agradável surpresa de encontrarmos a edição de 8/5/2010 do jornal *Psychic News*, com destaque a Chico Xavier na primeira página[68].

Fato histórico e marcante foram os filmes relacionados com Chico Xavier que foram lançados na época e logo após o seu Centenário de nascimento.

68. Unprecedented celebrations honour Brazilian medium's centenary. Psychic News. London. n. 4055, May 8th, 2010, p.1.

O filme "Chico Xavier", dirigido por Daniel Filho, da Lereby e várias coproduções, foi lançado em *avant première* no auditório da LANAGRO, em Pedro Leopoldo, em 13 de março de 2010. Este filme foi baseado no livro *As vidas de Chico Xavier*, de autoria de Marcel Souto Maior.

No mesmo ano foi lançado o filme "Nosso Lar", dirigido por Wagner de Assis, em parceria e com apoio da FEB e produzido por Iafa Britz. O filme adota o enredo do bem-sucedido livro de mesmo título, do espírito André Luiz. No dia 12 de agosto de 2010 numa sala de cinema do Shopping Center Norte, em São Paulo, houve exibição em *avant prèmiere* desse filme. O diretor Wagner Assis elaborou uma publicação sobre o filme Nosso Lar[69].

Os dois filmes foram um grande sucesso contando com a presença, respectivamente, de 3,5 milhões e mais de quatro milhões de pessoas nos vários cinemas do país e depois disponibilizados em DVD e também em canais por assinatura.

O filme "E a vida continua..." foi produzido pela Versátil em parceria com a FEB – sendo diretor do filme Paulo Figueiredo e produtor Oceano Vieira de Melo –, foi lançado no 2º semestre de 2012. Tem como roteiro o livro de mesmo título do espírito André Luiz. No dia 9 de agosto, ocorreu Reunião Extraordinária do Conselho Federativo Nacional da FEB, em São Paulo, para se prestigiar o *avant premiere* do filme "E a vida continua...", que foi exibido em sala de cinema do Shopping Center Norte.

69. Assis, Wagner. *Nosso Lar. Bastidores do filme*. Rio de Janeiro: Cinética/FEB. 2010.

Nesse ínterim surgiram outros filmes sobre Chico Xavier, como "As mães de Chico Xavier", em 2011, produzido por Luiz Eduardo Girão, da Estação Luz Filmes. O filme é inspirado no livro *Por trás do véu de Ísis*, do jornalista e escritor Marcel Souto Maior, focalizando casos de três mães que receberam cartas espirituais de seus filhos pela psicografia de Chico Xavier.

Um episódio bastante elucidador ocorreu nos preparativos para as definições da distribuição do filme "Nosso Lar". Estivemos em São Paulo para uma reunião na sede da Fox, acompanhando o presidente da FEB, Nestor Masotti, e o diretor do filme, Wagner Assis e, na oportunidade esclareceu-se o porquê do interesse de empresas de comunicação e cinematográficas em temas relacionados com o espiritismo. Um dos presentes comentou como uma emissora de TV que levava ao ar uma novela que adotava temas sobre mediunidade e espiritismo acompanhava os índices de audiência dia por dia. Quando se aumentava o foco nestes temas, aumentava a audiência. Então ele deixou claro que tais temas são empregados não por ideal, mas porque "vendem", ou seja, há público interessado e por conseguinte, também há mobilização de patrocinadores para estas produções.

Há uma estimativa de que os simpatizantes, ou interessados em temas espíritas, sejam dez vezes maior do que o número de pessoas que se declaram espíritas nos censos populacionais do IBGE.

Um indício claro e objetivo relacionado com esse raciocínio de que há público interessado em espiritismo é o fato da escolha de Chico Xavier como "O Maior Brasileiro de Todos os Tempos". Foi um programa da TV SBT, de São Paulo, lançado no dia 11 de julho de 2012 e apresentado em doze edições. O objetivo do programa foi *"eleger aquele que fez mais pela nação, que se destacou pelo seu legado à sociedade."* O vencedor indicado como o maior brasileiro de todos os tempos na final do dia 3 de outubro de 2012 foi Chico Xavier com 71,4% dos votos, vencendo líderes políticos, esportistas e vultos históricos.

Chico Xavier, o maior brasileiro de todos os tempos, 2012.

O desenvolvimento dos enredos dos livros de Chico Xavier são cada vez mais comuns em peças teatrais. Vários grupos teatrais, principalmente de São Paulo e Rio de Janeiro, fazem continuadas apresentações em Teatros de várias cidades. Alguns chegam até a programar uma Semana de Teatro Espírita com base em livros de Chico Xavier.

Com o incremento das redes sociais, mensagens, imagens e gravações de Chico Xavier são difundidas com muita intensidade.

Há também uma expansão de rádios e TVs espíritas na forma *web*, ampliando muito a abrangência da veiculação do pensamento espírita.

Um episódio inédito surgiu em abril de 2018, com a utilização da voz de Chico Xavier em chamadas telefônicas. A cidade de Pedro Leopoldo (MG) homenageou seu cidadão Chico Xavier, disponibilizando dois telefones em ruas, num projeto da "Telecom Dados". O telefone toca e ao atenderem há uma gravação de Chico Xavier lendo uma de suas mensagens psicográficas.

Todos esses fatos, ligados à vida de dedicação ao bem e à portentosa obra psicográfica de Chico Xavier, nos remetem a algumas frases do espírito Emmanuel:

"Haja o que houver, trabalha na edificação do bem e segue adiante. [...] Ainda mesmo te encontres em tamanho labirinto e que a vida te pareça extensa noite, recorda que as estrelas reinam sobre as trevas e que, por mais espessas se mostrem as sombras noturnas, determinam as leis de Deus que amanhã seja novo dia."[70]

"Lembra-te deles, os quase loucos de sofrimento, e trabalha para que a doutrina espírita lhes estenda socorro oportuno. Para isso, estudemos Allan Kardec, ao clarão da mensagem de Jesus Cristo, e, seja no exemplo ou na atitude, na ação ou na palavra, recordemos que o espiritismo nos solicita uma espécie permanente de caridade – a caridade da sua própria divulgação."[71]

---

70. Xavier, Francisco Cândido. Pelo espírito Emmanuel. *Inspiração*. Cap. Seguindo adiante. São Bernardo do Campo: GEEM.
71. Xavier, Francisco Cândido. Pelos espíritos André Luiz e Emmanuel. *Estude e viva*. Cap. 40. Rio de Janeiro: FEB.

2.10

DA "VACA VOADORA" E A "CARIDADE SOCIAL" PARA O "MÉDIUM DO SÉCULO"

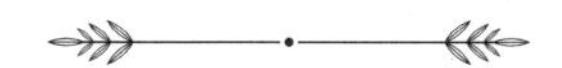

TORNA-SE INTERESSANTE DESTACARMOS DOIS livros escritos sobre Chico Xavier por autores que não são brasileiros.

O repórter britânico Guy Lyon Playfair (1935-2018) viveu uns tempos no Brasil, desde 1961, no Rio de Janeiro e em São Paulo. Atuou como repórter *free-lancer*, fotógrafo e tradutor para diversas revistas de prestígio americanas, britânicas e brasileiras, entre as quais a *The Economist, Time, Associated Press, McGraw-Hill World News* e outras.

Em São Paulo, interessou-se pelas pesquisas de fenômenos de *poltergeist*, reencarnação e mediunidade, mantendo contatos com o engenheiro e pesquisador Hernani Guimarães Andrade, no Instituto Brasileiro de Pesquisas Psicobiofísicas (IBPP).

Playfair visitou Arigó e Chico Xavier, em Minas Gerais, relatando estes contatos no seu livro *The flying cow* (1975). Ao pé da letra a tradução é "A vaca voadora", mas foi vertido para o português e publicado pela Editora Record com o título *A força desconhecida*. O nome *The flying cow* foi usado por Playfair para mostrar, de forma descontraída, o espírito do povo brasileiro, acostumado a encarar com naturalidade fenômenos "sobrenaturais" que, em qualquer outra parte do mundo, seriam tidos como absurdos, como uma vaca voando, por exemplo. Em sua segunda obra, *The indefinite boundary* (1976), também registra as suas experiências com os fenômenos paranormais no Brasil.

Após seu retorno para Londres Playfair atuou como pesquisador da paranormalidade, sendo membro da tradicional *Society for Psychical Research*, de Londres (fundada em 1882), e autor de dezenas de livros e monografias.

Acompanhado por Elsa Rossi, visitamos Guy Lyon Playfair, em sua residência em Londres, em maio de 2010. Na época ele concluía seu livro sobre Chico Xavier. Trata-se de *Chico Xavier - Medium of the Century* (Chico Xavier - o Médium do Século)[72], editado pela Roundtable Publishing (Londres) em parceria com a EDICEI, com suas apreciações sobre o médium brasileiro, e que veio a ser lançado durante as comemorações do Centenário de Chico Xavier.

Nesse livro sobre Chico Xavier, Playfair relata a "extraordinária história de como um homem de educação restrita vindo de um modesto meio tornou-se um herói nacional e recusando qualquer outro pagamento além do que recebeu como funcionário do governo." O autor britânico analisa o fenômeno literário da produção psicográfica de Chico, com mensagens que apresentam evidências de sobrevivência da alma.

72. Playfair, Guy Lyon. *Chico Xavier - Medium of the Century*. London: Roundtable Publishing; Brasília: Conselho Espírita Internacional. 2010. 100p.

Também no ano do Centenário de Chico Xavier veio a lume o livro *Chico Xavier, l'homme et le médium*, de autoria de Mickaël Ponsardin, francês residente na cidade de Lyon. A obra traduzida para o português foi editada pela EDICEI.[73]

De início, o autor Ponsardin comenta nesse livro as diferenças entre o espiritismo praticado em outros países, como na França, mais voltado para experimentações, e o espiritismo no Brasil mais voltado para as "consequências filosóficas, sociais e religiosas do espiritismo. [...] o espiritismo brasileiro pôde desabrochar e tornar-se uma verdadeira cultura original. O sinal mais perceptível dessa cultura é a *caridade social*. [...] Nada pode ilustrar melhor os diferentes aspectos da cultura brasileira do que a vida de Chico Xavier."[2] O autor destaca que os espíritas brasileiros "põem em prática a máxima que Allan Kardec legou ao espiritismo: *Fora da caridade não há salvação*."

O francês Mickaël Ponsardin fez exaustiva pesquisa em publicações sobre a vida e obra de Chico Xavier, inclusive cita a 1ª edição deste nosso livro, e entrevistou diversas pessoas que usufruíram de contatos pessoais com Chico. Em função disso, estivemos com ele em Lyon e foi hóspede em nossa residência em Brasília. No final do livro, o autor apresentou uma relação completa dos livros psicografados por Chico Xavier e publicados até o ano de 2008.

A nosso ver, é muito relevante a visão de dois estrangeiros – um britânico e um francês –, sobre o médium brasileiro. Ambos identificam características do povo brasileiro – "acos-

73. Ponsardin, Mickaël. Trad. Bezerra, Evandro Noleto. *Chico Xavier, o homem e o médium*. Brasília: Conselho Espírita Internacional. 2010. 315p.

tumado a encarar com naturalidade fenômenos sobrenaturais" e a prática da "caridade social" –, para neste contexto exaltarem o papel desempenhado e as influências exercidas por Chico Xavier, realmente, o "médium do século"!

A propósito, são muito adequados os comentários de Allan Kardec:

"A Humanidade progride por meio de indivíduos que, pouco a pouco, se melhoram e se esclarecem. Quando estes prevalecem pelo número, tomam a dianteira e arrastam os outros. De tempos a tempos, surgem entre eles homens de gênio que lhe dão um impulso e, depois, homens investidos de autoridade, instrumentos de Deus que, em alguns anos, fazem a Humanidade avançar de muitos séculos."[74]

Sobre a influência do espiritismo no progresso:

"Certamente ele se tornará crença comum e marcará uma Nova Era na História da Humanidade, porque está na Natureza e chegou o tempo em que ocupará lugar entre os conhecimentos humanos."

Livros de autoria de um britânico e um francês.

74. Kardec, Allan. Trad. Bezerra, Evandro Noleto. *O Livro dos Espíritos*. Perg. 789 e 798. Rio de Janeiro: FEB, 2006.

2.11

TRIBUTO A CHICO XAVIER NA ONU

FATO MARCANTE FOI O "Tributo a Chico Xavier" promovido na Organização das Nações Unidas pela *United Nations Staff Recreation Council* (LNSRC), e, pela *Society for Enlightenment And Transformation*, em New York, no dia 6 de agosto de 2010.

Tributo a Chico Xavier na ONU, New York, 6/8/2010.

A cerimônia foi aberta pela representante da citada área da ONU sra. Rosely Saad, seguindo-se esclarecimentos por Vanessa Anseloni, sobre as razões da homenagem a Chico Xavier, e, saudação por Jussara Korngold, vice-presidente do Conselho Espírita dos Estados Unidos. Como parte da homenagem pelo Centenário de Francisco Cândido Xavier foi exibido o DVD do filme "Chico Xavier" e montada mesa redonda integrada por Nestor João Masotti, Presidente da FEB e Secretário Geral do CEI, e, também por nós. A mesa foi coordenada por Vanessa Anseloni e João Korngold colaborou nas traduções. O auditório, com a capacidade de 540 pessoas - previamente inscritas -, estava lotado, inclusive, contando com a presença de lideranças espíritas de vários Estados norte-americanos.

Na oportunidade foi enaltecido o papel de Chico Xavier como um homem de bem, sua valorosa e exemplar história de vida e a prática da mediunidade fiel à orientação da doutrina espírita. Foram respondidas perguntas formuladas pelo público e, em seguida, foi exibido o trailer do filme "Nosso Lar", que seria lançado pouco tempo depois no Brasil e, em seguida, em vários países. Ao final, foi solicitado um momento de oração dedicado ao homenageado.

Destacamos que em eventos em países que não têm a tradição da disseminação do espiritismo e em ambientes leigos é sempre oportuno discorrer-se sobre o que representa a prática da mediunidade de acordo com as orientações das obras de Allan Kardec. E Chico Xavier é um dignificante exemplo prático do que anotou o Codificador:

"Este dom de Deus não é concedido ao médium para seu deleite e, ainda menos, para satisfação de suas ambições, mas para o fim da sua melhora espiritual e para dar a conhecer aos homens a verdade."[75]

Outro aspecto importante são os cuidados como visitante, o que foi bem anotado por André Luiz, aliás em mensagem psicografada por Waldo Vieira, durante uma visita junto com Chico Xavier, a Nova York em 29/7/1965:

"Procurar conhecer as disposições legais que regem o país que visita e a elas obedecer. Esquivar-se de partilhar preconceitos ou dissensões que encontre, mas respeitar os sentimentos de cada pessoa com a qual se veja em contato, tentando auxiliá-la pela prestação de serviço. [...] Abster-se da preocupação de doutrinar, embora deva estar pronto para dizer a boa palavra ou o conceito justo da doutrina espírita, capazes de semear renovação e elevação nos ouvintes. Não querer superioridade para a sua pátria de origem e nem diminuí-la com alusões impensadas. Abolir a palavra "estrangeiro" da sua linguagem e tratar os filhos de outros povos, por verdadeiros irmãos."[76]

---

75. Kardec, Allan. Trad. Bezerra, Evandro Noleto. *O Livro dos Médiuns*. 2a Parte, item 220. Rio de Janeiro: FEB. 2008.
76. Xavier, Francisco Cândido; Vieira, Waldo. Espíritos diversos. *Entre irmãos de outras terras*. Cap. 1. Rio de Janeiro: FEB. 1966; obra também disponível em inglês: Trad. Anseloni, Vanessa. *Among brothers of other lands*. Ed. EDICEI.

2.12

LIVROS PELO MUNDO

ATÉ O INÍCIO DO Século XXI as obras de Chico Xavier vinham sendo traduzidas para o espanhol e amplamente distribuídas em países latino-americanos pela Editora *Mensaje Fraternal*, da Venezuela, em parceria com o IDE, de Araras (SP).

A propósito torna-se importante o registro sobre o papel desempenhado por Alípio González, que desencarnou em novembro de 2018 já octagenário, fundador da Editora *Mensaje Fraternal*, em Caracas, que durante cerca de 40 anos utilizou recursos próprios seus para promoção da tradução e edição em espanhol de cerca de 30 livros psicografados por Chico Xavier, contando com apoio e parceria do Instituto de Difusão Espírita de Araras (SP). Ao longo dessas décadas esteve muitas vezes em Araras (SP), em visitas a Chico Xavier em Uberaba. Mais de 2,5 milhões de exemplares dos livros citados ele disponibilizou gratuitamente a países de idioma hispânico das Américas. Durante a gestão de Nestor Masotti no Conselho Espírita Internacional, Alípio juntamente com o IDE colaborou para a doação de dois containers de livros em espanhol para Cuba. Um terceiro container foi doado com esses livros e mais uma edição especial de *O Evangelho segundo o Espiritismo*, em espanhol editado pela EDICEI, durante o 7º Congresso Mundial de Espiritismo, promovido pelo CEI, em Havana (Cuba), em 2013. Previamente Alípio González esteve na sede da FEB em diálogo conosco como então presidente, planejando esta e outras ações. Em novembro de 2013, Alípio nos recepcionou e apoiou a viagem que fizemos como o primeiro representante da FEB e também do CEI, a visitar a Federação Espírita e outras instituições da Venezuela, pois aquele país já passava por crises e momentos complexos.

Conhecemos Alípio, há muitos anos, em viagens que ele fazia a São Paulo em função de compromissos dele junto ao IDE e visitas ao Chico, em Uberaba. Durante uma viagem profissional nossa, em fevereiro de 1992, ele gentilmente nos levou para conhecer a sede da Editora *Mensaje Fraternal* em Caracas, fato que divulgamos na época na *Revista Internacional de Espiritismo* e jornal *Dirigente Espírita*. Desde aquela época e depois em visitas a diversos países hispânicos em tarefas do CEI, sempre encontramos os livros de Chico Xavier que ele editava e doava para as instituições espíritas latino-americanas. Um fato interessante é que Alípio apreciava contatos diretos com centros espíritas e seus frequentadores, inclusive muitos simples, e não aceitava convites para congressos. Consideramos Alípio o principal divulgador das obras de Chico Xavier nas Américas!

Dois episódios nos marcaram profundamente com os livros de Chico Xavier traduzidos em espanhol.

Em Cuba ao viajarmos para o Congresso acima já citado realizado em Havana, e, anteriormente, em abril de 2011 para atuação no 6º Congresso Espírita Centroamericano e do Caribe e o 27º Congresso Espírita Cubano, realizado na cidade de Bayamo. Nestas oportunidades verificamos o interesse dos espíritas cubanos pela literatura mediúnica de Chico, depois de muitos anos em que ficaram isolados dos contatos com o movimento espírita internacional.

Em viagem a convite da *Cadena Heliosophica Guatemalteca,* na condição de dirigente da FEB e do Conselho Espírita Internacional, comparecemos em junho de 2014 juntamente com a esposa Célia, a eventos na Guatemala, em sua capital Ciudad de Guatemala e na cidade de San Marcos.

Nesta última cidade atuamos no IV Congresso Espírita Guatemalteco, com desenvolvimento de temas sobre a educação moral, e realizado em San Marcos. Esta cidade se localiza nos chamados altiplanos guatemaltecos e durante a viagem se vislumbram vários vulcões. Na região há predomínio de descendentes dos maias.

Num dia frio e chuvoso, chamou-nos a atenção que os frequentadores do Congresso, descem das montanhas, muitos a pé, e chegam aos grupos, com suas famílias. Alguns com vestes típicas e com as crianças pequenas presas em suas costas. Permanecem atentos às palestras o tempo todo. Seus filhos, crianças e jovens, tiveram participação artística e doutrinária, relacionadas com o tema do evento.

Ao cumprimentarmos ou dialogarmos com os moradores da região, sentíamos que demonstravam um grande respeito pelos visitantes. E de nossa parte sentíamos um forte impacto, motivado pela extrema simplicidade deles e as manifestações de intenso interesse pelos assuntos espíritas. Aliás, um conhecimento ancestral, ligado à tradição dos nativos - os maias -, daquele país.

Ao final, cada família levava livros espíritas para casa, doados pela equipe do Congresso. Houve farta distribuição de livros espíritas em espanhol, ofertados pelo Conselho Espírita Internacional, e, em grande quantidade, pela Editora *Mensaje Fraternal* de Caracas e em parceria com o IDE de Araras. A *Mensaje Fraternal*, dirigida por Alípio González, há cerca de 40 anos, tem efetiva atuação na região, doando livros editados em espanhol de Chico Xavier e de Allan Kardec.

Alípio González em distribuição de livros a pessoas simples em países sulamericanos.

Na Itália, percebemos o grande esforço da Casa Editora O Nazareno, de Santo André (SP), em promover e patrocinar a tradução de livros de Chico Xavier para o italiano, com apoio pessoal de Dorival Sortino. Estes livros foram divulgados na Itália inicialmente pelo grupo *Sentiere dello Spirito*, de Milão e livrarias leigas.

Ao desenvolvermos palestras e seminários sobre obras

de Chico Xavier, com emoção ouvimos de alguns italianos comentários pelo fato de já terem lido romances históricos de Emmanuel.

A divulgação dos livros de Chico Xavier em vários idiomas pelo Conselho Espírita Internacional foi o grande sonho e projeto do secretário geral Nestor João Masotti, que deu início à tradução e edição dos livros psicografados por Chico Xavier para vários idiomas, com cessão de direitos autorais pela FEB.

Relatamos em nosso livro *Em ações espíritas*[77], detalhes de alguns fatos marcantes dessa ação do CEI.

Para atender a essa finalidade, Pierre-Etienne Jay, na época residindo em Brasília, foi o tradutor de obras psicográficas de Francisco Cândido Xavier para o francês.

Simultaneamente, houve a reconquista dos direitos da *Revista Espírita* em francês, a *Revue Spirite* criada por Allan Kardec. Providência conseguida por Roger Perez na França e que renovou os registros da mesma em nome do Conselho Espírita Internacional. Assim, sob os auspícios do CEI prosseguiram as edições desta revista em francês e surgiram as edições em espanhol, atualmente encerrada, e em inglês. Em todas as versões foram publicadas páginas psicografadas por Chico Xavier.

O primeiro grande lançamento internacional da Editora do Conselho Espírita Internacional-EDICEI aconteceu em Paris, em 22 e 23 de outubro de 2005, aproveitando-se o Simpósio de Preparação de Trabalhadores e Dirigentes para o Movimento Espírita, promovido pela União Espírita

77. Carvalho, Antonio Cesar Perri. *Em ações espíritas*. Cap. 23. Araçatuba: Ed.Cocriação/USE Regional de Araçatuba. 2017.

Francesa e Francofônica - USFF, então dirigida por Roger Perez. Nestor Masotti não pôde comparecer e credenciou--nos para representá-lo, contando também com a presença de Evandro Noleto Bezerra, como diretor da FEB. Ao grupo, somou-se nosso filho Flávio Rey de Carvalho, que por conta própria, também participaria de evento acadêmico na Europa. O interessante é que os livros foram levados em mãos, dividindo-se o peso nos limites máximos dos três passageiros. O tradutor Pierre-Etienne Jay já se encontrava há alguns dias na França e participou do evento.

Na oportunidade, com presença de mais de 40 espíritas das várias regiões da França, como Charles Kempf; Jean Paul Évrard, presidente da União Espírita Belga, representantes da Holanda, Luxemburgo e Canadá, foram lançados os livros em francês, do espírito André Luiz (FCX): *Nosso Lar, Os mensageiros, Missionários da luz, Obreiros da vida eterna* e *No mundo maior*. Foi um episódio marcante, pois pela primeira vez livros de Chico Xavier, vertidos para o francês, foram lançados em Paris, como atividade inaugural da Editora do Conselho Espírita Internacional.

A partir daí, prosseguiram as traduções de obras de Chico Xavier (André Luiz e Emmanuel) para o francês e para vários outros idiomas.

Surgiu em cena Spartak Severin, companheiro da Bielorrússia (Belarus) e que traduzia profissionalmente legendas de filmes franceses e ingleses para o russo. Spartak já mantinha contatos com Charles Kempf e Elsa Rossi. Spartak se prontificou a iniciar traduções de obras de Allan Kardec e de Chico Xavier para o idioma russo, a partir das edições em francês da EDICEI.

Chegou o instante para o lançamento dos livros em russo, editados pelo CEI. Definiu-se que seriam lançados em Minsk, capital da Bielorrússia, onde Spartak Severin residia e frequentava reuniões de um grupo espiritualista e praticante da mediunidade, simpatizante das ideias espíritas.

O secretário geral do CEI não pôde comparecer e delegou-nos a sua representação, como integrante da Comissão Executiva do CEI. Juntamente com nossa esposa Célia Maria Rey de Carvalho, que viajava por conta própria, nos dirigimos a Minsk, dividindo o transporte dos livros no nosso limite máximo de nossas bagagens. De Londres, Elsa Rossi, também membro da Comissão Executiva do CEI se dispôs a comparecer.

Lançamento de livros em russo em Minsk (Bielorrússia), estando Perri entre o tradutor Spartak e a dirigente local.

Foi realizado o Seminário sobre o CEI e o movimento espírita internacional, nos dias 24 e 25 de novembro de

2009, nas dependências do *Novy Teatr*. Os temas foram desenvolvidos por nós e Elsa, com tradução para o russo feita por Spartak. Foram lançados os livros em russo: as cinco obras básicas de Allan Kardec; do espírito André Luiz (FCX): *Nosso Lar, Os mensageiros, Missionários da luz, Libertação, Nos domínios da mediunidade* e *No mundo maior*; do espírito Emmanuel (FCX): *Há dois mil anos.*

Foi emocionante a avidez dos presentes pelas novas obras. Para surpresa nossa, os livros foram todos vendidos antes do término do evento.

Chico Xavier foi o grande homenageado no 6º Congresso Espírita Mundial, realizado em Valencia (Espanha), de 10 a 12 de outubro de 2010, promovido pelo Conselho Espírita Internacional, oportunidade que proferimos palestra sobre o nosso eminente vulto. A EDICEI expôs livros de Chico Xavier traduzidos para vários idiomas. Na oportunidade foi lançado o livro *Chico Xavier - médium of the century* (Chico Xavier - o médium do século), de autoria do britânico Guy Lyon Playfair e editado pela Roundtable Publishing (Londres) e pela EDICEI.

A EDICEI até 2015 havia traduzido dezenas de obras de Chico Xavier para os idiomas: espanhol, francês, inglês, russo, alemão, italiano, sueco e húngaro.

Esses fatos nos remetem a reflexões nas considerações abaixo transcritas, como a do espírito Albino Teixeira:

"Amparar o livro espírita e distribuí-lo é participar dos interesses da Providência Divina, realizando preciosos investimentos de luz e verdade, amor e renovação entre os homens."[78]

78. Xavier, Francisco Cândido. Espíritos diversos. *Caminho espírita*. Cap.29.

E também sobre a visão de abrangência da difusão e a origem dos trabalhadores:

"Suponho que o cristianismo não atingirá seus fins, se esperarmos tão só dos israelitas anquilosados no orgulho da Lei. Jesus afirmou que seus discípulos viriam do Oriente e do Ocidente."[79]

"[...] o espiritismo será o traço de união que aproximará os homens divididos pelas crenças e pelos preconceitos mundanos; ele derrubará as mais fortes barreiras que separam os povos: o antagonismo nacional. À sombra dessa bandeira, que será o seu ponto de concentração, os homens se habituarão a ver irmãos naqueles que só viam como inimigos".[80]

Araras: IDE. 1967.

79. Xavier, Francisco Cândido. Pelo espírito Emmanuel. *Paulo e Estêvão*. ed. Esp. Brasília: FEB, 2012. 488p.
80. Kardec, Allan. *Viagem espírita em 1862*. Trad. Bezerra, Evandro Noleto. 1ª ed., Rio de Janeiro: FEB, 2005. 263p.

2.13

MOÇAMBIQUE – DO PIONEIRISMO À COMPREENSÃO DE REALIDADES

O DEDICADO ESPÍRITA JOAQUIM Alves, conhecido como Jô, viveu em São Paulo (1911-1985); era capista, colaborador da FEESP e do IDE, e, muito amigo de Chico Xavier. Inclusive há um livro sobre ele: *Amor & renúncia. Traços de Joaquim Alves.*[81] Na década de 1970, foi a Lourenço Marques (Moçambique) com o objetivo de divulgar o espiritismo. Conta Nena Galves que ele "passou diversos anos em período de turbulências políticas e sociais em que pleiteavam sua independência de Portugal. Predominavam atividades mediúnicas e rituais com fortes características das práticas religiosas tradicionais africanas. Em seu trabalho procurou divulgar a visão e as práticas do espiritismo, fundando centros kardecistas e escola de estudos espíritas, sempre com o foco cristão." No ano de 1974, Joaquim Alves participou da fundação de instituição pioneira na região, a Co-

81. Galves, Nena. *Amor & renúncia. Traços de Joaquim Alves*. São Paulo: CEU. 2005.

munhão Espírita Cristã, aliás, nome igual à instituição de Uberaba, sugerido pelo médium mineiro.

Moçambique tornou-se independente e passou por várias instabilidades e mudanças políticas; o nome da capital Lourenço Marques foi mudado para Maputo; mas a Comunhão Espírita Cristã sobreviveu às várias situações. Sempre contando com atuação de dedicados espíritas locais e alguns brasileiros que por lá se fixaram.

Houve a oportunidade para visitarmos a Comunhão Espírita Cristã, de Maputo, nos dias 24 a 26 de agosto de 2013. Lá comparecemos como presidente da Federação Espírita Brasileira e representante do Conselho Espírita Internacional. Houve doação de livros da FEB para a Comunhão Espírita Cristã. Conhecemos várias atividades: a juventude espírita, reuniões doutrinárias, atendimento de fitoterapia do Grupo Arco Íris; e realizamos reunião com os dirigentes da União Espírita de Moçambique (UNEMO), dirigida pela Sra. Élide Maria Correa Carneiro; palestras públicas; entrevista na TV Soico e audiência com o diretor Nacional dos Assuntos Religiosos do Ministério da Justiça.

A nossa palestra pública sobre o tema "O Cristo Consolador", com base em obras de Allan Kardec e psicográficas de Chico Xavier, contou com a presença da intelectual Paulina Chiziane, convidada da dirigente da UNEMO, e que estava acompanhada de Maria do Carmo da Silva, esta última ligada aos estudos espíritas. Um privilégio, pois Paulina Chiziane é conhecida escritora moçambicana. Foi militante política pela libertação de seu país. Iniciou sua atividade literária em 1984 com contos publicados na imprensa moçambicana e tornou-se a primeira mulher de seu país a publicar um romance. Mas ela se considera uma contadora de histórias e não uma romancista. Contribuiu com a Cruz Vermelha de Moçambique, objetivando uma aproximação mais concreta à realidade vivida no país. Em julho de 2010 foi designada, pela União Africana (UA), como embaixadora da paz para África.

Fato inusitado ocorreu quando, após a nossa palestra, foi aberto um momento para perguntas. Paulina Chiziane fez uma manifestação aparentemente chocante, mas muito sincera e fundamentada na sua visão de moçambicana. Comentou que estranhava como os estrangeiros se sentiam à vontade em visitar a África e falar de lideranças religiosas que não têm nenhuma relação com a história e tradição do continente africano. Evidentemente que ela se referia a colocações nossas sobre o Cristo e Allan Kardec. Sintetizou sua dura experiência de vida, registrada no livro, então recém-lançado, *Na mão de Deus*[82], que recebemos como cortesia. Falou de seu drama, com os sintomas físicos e psíquicos que a levaram à psiquiatria e que, fundamentalmente, eram o aflorar da sua mediunidade, como atuação de antepassado dela. Infelizmente, o fenômeno não era compreendido por seus familiares e amigos que o tratavam de acordo com orientação médica materialista e como se tratasse de uma enfermidade mental. Teceu críticas à colonização e à chamada "cristianização" feita pelos portugueses em seu país. Enfatizou os tratamentos nativos da África, feitos por curandeiros e destacou que eles têm história e tradições que devem ser conhecidas e respeitadas e seriam os legítimos líderes espirituais deles. Chamou a atenção sobre a questão das mentes

82. Chiziane, Paulina; Silva, Maria do Carmo. *Na mão de Deus*. Maputo: Carmo Editora, 2012.

africanas "colonizadas" pelos conceitos ocidentais que desacreditam as tradições africanas. No momento, expressamos nosso respeito à manifestação da intelectual moçambicana e agradecemos os comentários dela. Sem dúvida, foi mais um fato para pensarmos sobre os contatos com a diversidade de visões religiosas e espirituais. Dias depois, Paulina Chiziane fez o lançamento de mais um livro de sua autoria: *Por quem vibram os tambores do além*?

Esse breve registro nos remete à necessidade de compreensão sobre os cultos nativos e os resquícios do autoritarismo de religiões cristãs. O continente africano tem uma grande diversidade de povos, idiomas e áreas culturais, e, sabe-se que as fronteiras religiosas não acompanham o contorno das fronteiras linguísticas. Ali se encontram vários sincretismos envolvendo práticas tribais com o judaísmo, cristianismo e islamismo. Em realidade não há propriamente uma religião, mas um conjunto de métodos extáticos e terapêuticos cujo objetivo é obter o contato com o universo paralelo, mas invisível, dos espíritos e o apoio destes últimos na gestão dos assuntos humanos[83].

O episódio nos alertou para que, como seareiros espíritas, devemos estar atentos para o conhecimento da diversidade de condições de história, tradições e culturas, procurando observar respeito e compreensão a cultos nativos.

A essa altura, é oportuna a lembrança de frase de Gandhi relacionada com os colonizadores que também agiam em nome do cristianismo e que ele chamou de "frutos":

"O Mahatma Gandhi exclamou, ao ler os Evangelhos:

83. Carvalho, Antonio Cesar Perri. O choque de religiões ocidentais com as tradições africanas. Revista internacional de espiritismo. Ano XCI. N.10. Novembro de 2016. P. 525-526.

"Como pôde uma árvore como esta dar os frutos que conhecemos?"[84]

Nos momentos da citada manifestação e estando nas dependências de instituição fundada por inspiração de Chico Xavier, lembramo-nos de uma obra ímpar do citado médium: *Entre irmãos de outras terras*[85] onde André Luiz recomenda:

"Evitar críticas e discussões. [...] Recusar-se a fazer comparações pejorativas, suscetíveis de humilhar os seus anfitriões. Omitir adjetivos vexatórios em se referindo a personalidades, situações, casos e coisas da nação que o recebe. [...] Abster-se da preocupação de doutrinar, embora deva estar pronto para dizer a boa palavra ou o conceito justo da doutrina espírita, capazes de semear renovação e elevação nos ouvintes".

Comunhão Espírita Cristã de Maputo: a dirigente Irene Guiao com o autor, tendo ao fundo foto de Joaquim Alves.

84. Pires, José Herculano. *Revisão do cristianismo*. Introdução. São Paulo: Paideia. 1977.
85. Xavier, Francisco Cândido; Vieira, Waldo. Por Espíritos diversos. *Entre irmãos de outras terras*. Cap. 1. Rio de Janeiro: FEB. 1966.

2.14

LIVROS DE CHICO XAVIER NOS ESTUDOS

DESDE NOSSA INFÂNCIA JÁ frequentávamos reuniões espíritas acompanhando nossa genitora e um tio, na cidade de Araçatuba (SP), e tinha muito interesse pelo conhecimento espírita.

Em dezembro de 1959, estávamos presentes junto a um grupo de adultos, familiares e amigos, na criação do Grupo de Estudos Evangélicos João Luiz dos Santos. Este, logo depois se desdobrou na fundação de entidades assistenciais e centro espírita, em Araçatuba.

Os estudos nesse Grupo eram desenvolvidos em torno de livros de Allan Kardec e de livros psicografados por Chico Xavier. Fato interessante é que naquela oportunidade estavam sendo lançadas algumas obras chamadas "clássicas" da psicografia de Chico Xavier e que eram recebidas diretamente da FEB por um serviço de "novidades" da mesma.

Precocemente lemos obras de Emmanuel como *A caminho da luz* e *O consolador*, que nos marcaram profundamente. Mais à frente os chamados romances históricos do mesmo autor.

No transcorrer de décadas fomos acompanhando a influência que as obras psicografadas por Chico Xavier exerceram nas atividades de estudo e de difusão do espiritismo.

Experimentamos várias formas de estudo, mas um fato marcante ocorreu quando sentimos o valor e profundidade dos estudos do Evangelho à luz do espiritismo com base principalmente em obras de autoria de Emmanuel.

Durante nossa presidência na FEB, como interino e efetivo, criamos e implantamos na sede da FEB, no ano de 2012, o estudo sistemático e interpretativo de *O Evangelho segundo o Espiritismo* e a criação do Núcleo de Estudo e Pesquisa do Evangelho da FEB - NEPE, que funcionou até o final de nossa gestão em março de 2015.

Uma proposta de estudo do Evangelho elaborada por Honório Onofre Abreu, ex-presidente da União Espírita Mineira, que é uma metodologia de estudo dos versículos que está sintetizada na obra *Luz imperecível* (Ed. UEM), inspirou as criações na FEB.

O NEPE da FEB foi implantado no 2º semestre do ano de 2012, e sua Comissão Administrativa foi integrada por: Haroldo Dutra Dias (MG), Célia Maria Rey de Carvalho (FEB), Flávio Rey de Carvalho (FEB), Simão Pedro de Lima (MG), Ricardo Mesquita (SC), Wagner Gomes Paixão (MG), Afonso Chagas (MG). Em substituições anuais, também atuaram em seguida e no final: Saulo César Ribeiro da Silva (DF) e Ismael Maia (Pb).

Foi criada a série de vídeo aulas - "Espiritismo à luz do Evangelho" pela TVCEI e depois FEBtv, com cerca de 50 programas, produzidos até fevereiro de 2015, e também disponíveis nos canais do *Youtube*.

Foram realizados seminários e reuniões em várias Federativas Estaduais para se estimular e orientar a formação de NEPEs. Houve o aparecimento de grupos de estudos *O Evangelho segundo o Espiritismo* em vários locais do país. Como consequência, a Editora FEB lançou em 2014 o livro elaborado por uma equipe *O Evangelho segundo o Espiritismo. Orientações para o estudo*[86].

Os estudos do NEPE, os programas de TV "Espiritismo à luz do Evangelho" e o livro *O Evangelho segundo o Espiritismo. Orientações para o estudo.* Empregam com muita ênfase obras psicografadas por Chico Xavier, principalmente os nove livros em que o espírito Emmanuel comenta versículos do Novo Testamento.

Após deixarmos a presidência da FEB, com um grupo de amigos, criamos o Grupo de Estudos Espíritas Chico Xavier - GEECX, aos 2 de abril de 2015, voltado ao estudo do Evangelho, produzindo reuniões de estudos em sala do "Irmão Estêvão", página eletrônica e boletim informativo semanal (www.grupochicoxavier.com.br), com atuação inicial em Brasília.

Desde setembro de 2018, iniciamos na TV Mundo Maior, da Fundação Espírita André Luiz (SP) - TV aberta, por assinatura e web (www.tvmundomaior.com.br) -, o programa semanal "Evangelho e espiritismo em sua mais simples expressão". O programa conta com atuação de Célia Maria Rey de Carvalho e Flávio Rey de Carvalho e objetiva o estudo de *O Evangelho segundo o Espiritismo* com ênfase na compreensão dos versículos do Novo Testamento utilizados por Allan Kardec, à luz de estudos bíblicos,

86. Organização de Antonio Cesar Perri de Carvalho e Célia Maria Rey de Carvalho e com vários coautores ligados a metodologia de estudo citada. Editora FEB, 2014.

das obras do Codificador e de obras como as de autoria do espírito Emmanuel que comentam os versículos citados.

A título de esclarecimento, como diretriz para esses estudos de *O Evangelho segundo o Espiritismo*, seguimos o capítulo selecionado para o dia, tecendo-se breves comentários sobre o título dado pelo Codificador ao capítulo, como o entendimento de suas palavras, a sua relação com conteúdo do capítulo, etc.; explica-se como o conteúdo do capítulo foi estruturado por Allan Kardec e, quando houver orientações dos espíritos, falar um pouco sobre cada um cuja mensagem foi publicada. A seguir analisa-se a passagem evangélica selecionada valendo-se, sempre que oportuno, dos seguintes recursos: o inter-relacionamento de partes do Novo Testamento; se necessário, recorrer-se a trechos do Velho Testamento; sempre que possível, a inter-relação com outros capítulos de *O Evangelho segundo o Espiritismo;* se necessário, a comparação de diferentes traduções do Novo Testamento; a consulta ao conhecimento produzido por especialistas; o auxílio da "chave espírita", ou seja, das chamadas "obras subsidiárias", entre as quais se destacam as da lavra de Emmanuel, Humberto de Campos, Neio Lúcio, André Luiz, Amélia Rodrigues, entre outros espíritos; sempre que possível, relacionar o conteúdo, objeto de estudo, com pontos fundamentais da doutrina espírita.[87]

Em viagens pelas várias regiões do país recebemos informações sobre a utilização das videoaulas sobre o estudo do Evangelho em centros espíritas.

---

87. Carvalho, Flávio Rey. Nos passos de Kardec: diretrizes para o estudo da Boa Nova extraídas de *O Evangelho segundo o Espiritismo*. *Reformador*. Ano 132. N. 2.228. Novembro de 2014. P. 656-660.

Os livros de Chico Xavier também chegam aos segmentos públicos.

A Editora GEEM, de São Bernardo do Campo (SP), tem mantido o projeto de colocar gratuitamente os livros de Chico Xavier nas bibliotecas públicas do país. Até novembro de 2018 já foram atendidas perto de duas mil bibliotecas em mais de 1.200 municípios de vários Estados do país.

Na capital paulista, a Editora GEEM disponibiliza os de Chico Xavier por ela editados em muitas Bancas de jornais e revistas, junto a vias públicas, com preços extremamente acessíveis.

Essas vivências ligadas às obras de Chico Xavier nos remetem ao comentário do espírito Emmanuel:

"Cada livro edificante é porta libertadora. O livro espírita, entretanto, emancipa a alma, nos fundamentos da vida. [...] O livro nobre livra da ignorância, mas o livro espírita livra da ignorância e livra do mal."[88]

88. Xavier, Francisco Cândido. Espíritos diversos. *Doutrina e vida*. Cap. O livro espírita. São Paulo: CEU. 1987.

2.15

HUMBERTO DE CAMPOS: DE CÁ E DE LÁ

UM DOS MAIS CONHECIDOS escritores brasileiros, Humberto de Campos Veras, nasceu em Miritiba - hoje Humberto de Campos - no Maranhão, aos 25/10/1886; desencarnou no Rio de Janeiro em 5/12/1934.

Poucos meses após sua partida, o espírito Humberto de Campos passou a escrever pela mediunidade de Chico Xavier. Esses textos psicografados provocaram impactos e celeumas, pois Humberto de Campos tornou-se famoso como brilhante jornalista e cronista; suas páginas foram "colunas" em todos os jornais importantes do país.[89]

Na então Capital da República, dedicou-se inteiramente à arte de escrever. Ingressou na Academia Brasileira de Letras em 1919. Exerceu o mandato de deputado federal pelo seu Estado natal, tendo seus mandatos sucessivamente renovados até ser cassado com a Revolução de 1930.

Escritor extremamente popular por atender a perguntas

89. Carvalho, Antonio Cesar Perri. Humberto de Campos: de cá e de lá. *Revista Internacional de Espiritismo*. Ano XCII. No. 12. Janeiro de 2019. P. 650-1.

de missivistas e visitantes. Fez-se amado por todo o Brasil, especialmente na Bahia e São Paulo. Adotou vários pseudônimos, inclusive o de Conselheiro XX. Esse depois veio a ser adaptado para os livros espíritas, como Irmão X. Quando adoeceu, modificou completamente o estilo literário.

Interessante que o escritor Humberto de Campos publicou análise sobre o primeiro livro psicográfico de Chico Xavier: "É indubitável que Humberto, nas duas crônicas referidas, não assegurou que os versos do '*Parnaso de além-túmulo*' provinham certamente do espírito daqueles poetas mortos. Mostrou-se, ao contrário, discreto e reservado, eis que não estudou e não examinou o fenômeno em si mesmo. Disse, entretanto, o *quantum satis*[90] para manifestar e acolher a identidade dos estilos, dos pendores, das tendências, das emoções, da inspiração e da expressão dos poetas mortos."[91]

Após o lançamento das primeiras obras assinadas por Humberto de Campos, em espírito, surgiu em 1944 o rumoroso processo movido por seus familiares contra o médium e a editora FEB, reclamando direitos autorais do falecido escritor. Chico Xavier e a FEB ganharam a causa no Tribunal de Justiça do Rio de Janeiro. O assunto ganhou destaque na imprensa leiga da época e transformou-se no tema do livro *A psicografia ante os Tribunais*, de Miguel Timponi, editado pela FEB, ficando claro que "As obras que HUMBERTO DE CAMPOS, pois, escreveu como ser humano não se confundem com as que o ESPÍRITO HUMBERTO DE CAMPOS agora escreve."[92] Em função disso o espírito

---

90. Frase latina, significa: o quanto suficiente.
91. Timponi, Miguel. *A psicografia ante os Tribunais*. Rio de Janeiro: FEB.
92. Obra citada na nota 2.

Humberto passou a adotar o pseudônimo Irmão X. Algumas décadas depois, em São Paulo, o filho de Humberto, de mesmo nome, tornou-se espírita e pediu desculpas.

Obra recente, *O menino livre de Miritiba. Humberto de Campos*[93], oferece uma excelente oportunidade para se conhecer o escritor Humberto de Campos, com base em seus livros como encarnado e como espírito pela psicografia de Chico Xavier, e ainda com lances sobre sua vida desde a infância. O autor Cláudio Bueno da Silva focaliza momentos da vida de Humberto de Campos e relaciona suas obras como encarnado com as escritas pela psicografia de Chico Xavier.

Cláudio Bueno da Silva destaca que o escritor Humberto de Campos sempre focalizou a questão da morte: "Eu sou, ordinariamente, um homem que tem medo da morte" e o dilema "a certeza de que os outros aqui ficam e o morto não sabe para onde vai". Numa crônica sobre Finados, anotou: "Parece que a Morte, neste momento, se acha confundida com a Vida". De outra feita, registrou o medo de "ter a sua memória enterrada com seu corpo", e, ainda "espiando a morte, conhecer o engano da vida".[94]

Assim, o autor citado não considera Humberto de Campos um materialista clássico: "se dizia cético, é curiosa a sua insistência em tratar dos assuntos transcendentais, místicos, religiosos, cuidando da vida e da morte. [...] usava a ironia para disfarçar certo interesse recôndito. [...] O ceticismo em Humberto de Campos talvez não tivesse raízes tão profundas". O autor destaca que as crônicas do li-

93. Silva, Cláudio Bueno. *O menino livre de Miritiba. Humberto de Campos*. 1.ed. Araras: IDE. 2018. 319p.

94. Idem, ibidem.

vro *Sombras que sofrem*, publicado no ano da desencarnação de Humberto de Campos, em 1934, mostram este último "preocupado em ajudar o próximo com as melhores 'armas' de que dispunha e que manejava muito bem: as palavras e as ideias".

Com frequência, o escritor maranhense fazia referência a textos bíblicos e casos relacionados com a Judeia. Escreve crônicas em forma de parábolas, sempre com fundo moral e instrutivo. Enaltece a caridade. Em *Mealheiro de Agripa* adverte: "Homens ricos e poderosos que vos banqueteais sobre miséria de Lázaro, escutai, se tendes ouvidos, a palavra dos profetas". Em *Notas de um diarista*, comenta versículos do evangelista Mateus (19: 16-24) sobre a questão: "Bom Mestre, que boas obras devo praticar para conseguir a vida eterna?"

Fato interessante é que Humberto de Campos era amigo pessoal – e de fazer visitas constantes –, do escritor Coelho Neto, também maranhense e membro da Academia Brasileira de Letras. Humberto soube que seu amigo, quando se encontrava abatido, era tratado, enquanto dormia, pela esposa e por uma doméstica que o "defumava com ervas prestigiosas". Coelho Neto veio a se convencer do espiritismo após um fato inusitado em que teve a certeza da sobrevivência espiritual de sua filha.

Passadas mais de oito décadas da desencarnação, a notoriedade de Humberto de Campos aumentou com as obras "do lado de lá".

Algumas preocupações e focos desenvolvidos em textos pelo escritor Humberto de Campos são identificáveis e são ampliados nas obras psicografadas por Chico Xavier.

Há pesquisas acadêmicas analisando o estilo do autor

como encarnado e desencarnado, como a Tese de Doutorado de Alexandre Caroli: *O Caso Humberto de Campos: Autoria literária e mediunidade* (Unicamp, 2008).[95]

Como espírito escreveu diversas obras pela psicografia do médium Chico Xavier, doze publicadas pela FEB (entre 1937 e 1969): *Crônicas de além-túmulo; Brasil, coração do mundo, pátria do evangelho; Novas mensagens; Boa nova; Reportagens de além-túmulo; Lázaro redivivo; Luz acima; Pontos e contos; Contos e apólogos; Contos desta e doutra vida; Cartas e crônicas; Estante da vida;* pela Editora CEU: *Relatos da vida* (1988), e, pela Editora Boa Nova: *Histórias e anotações* (2010).

Particularmente a obra *Boa nova* é de grande valor, unindo conhecimentos bíblicos e da região de Israel sob a ótica espiritual.

Sempre admirador do notável literato, ficamos mais sensibilizados pelas repercussões de sua obra depois de nossas continuadas visitas à cidade de Parnaíba (Piauí), onde existem vários familiares pelo lado paterno. Ali ele viveu alguns anos de sua meninice e plantou um cajueiro, muito citado em seus livros quando encarnado. O cajueiro, mais que centenário, originou um logradouro público e passou a ser um monumento vivo da cidade.

Em livro direcionado a público-alvo regional, *Os frutos do cajueiro. Ações espíritas em Parnaíba*[96], adotamos como símbolo os frutos do cajueiro, estabelecendo a relação com o movimento espírita de Parnaíba, que se desdobra em marcantes obras sociais, e, também em função de inúme-

95. Consulta em 27/11/2018: http://bdtd.ibict.br/vufind/Record/CAMP_6beb3cdc00bbb6853337fbeddbfbaa31

96. Carvalho, Antonio Cesar Perri. *Os frutos do cajueiro. Ações espíritas em Parnaíba.* Parnaíba: Ed. Centro Espírita Caridade e Fé. 2018. 94p.

ras visitas à cidade, reunimos textos de nossas palestras e entrevistas em eventos espíritas em Parnaíba. Enfatizamos a repercussão das obras espirituais do famoso escritor, pela psicografia de Francisco Cândido Xavier. Nesse nosso livro destacamos e apresentamos um retrato de Humberto de Campos com carinhosa dedicatória de sua genitora, Ana de Campos Veras, que ainda vivia naquela cidade, endereçada a Chico Xavier - "dedicado intérprete espiritual de meu saudoso Humberto".

Pela psicografia de Chico Xavier há muitas evidências de identificação do espírito Humberto de Campos. As obras do destacado escritor - de cá e de lá - merecem estudos em nossos dias!

2.16

LIVROS DE CHICO XAVIER FUNDAMENTAM VÁRIAS OBRAS

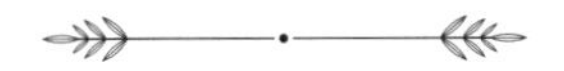

CONTINUADAMENTE SURGEM NOVOS LIVROS sobre Chico Xavier. Proximamente ao Centenário, entre outros, surgiram por várias editoras obras que têm relação com o espírito Emmanuel: *O voo da garça*, de Jhon Harley (Ed. Vinha de Luz); *Chico, diálogos e recordações*, de Carlos Alberto Braga Costa (1ª Ed. UEM; Ed. O Clarim, 2017); *100 anos de Chico Xavier. Fenômeno humano e mediúnico*, por Carlos A. Baccelli (Ed. LEEPP); *Sementeira de luz, Sementeira de paz, Colheita do bem*, organizados por Wanda Amorim Joviano (Ed. Vinha de Luz).

Em forma de DVD, a "Versátil Video Spirite", de São Paulo, tem produzido muitos estudos e documentários sobre o trabalho mediúnico e livros de Chico Xavier. De valor inestimável é o DVD "A prova material da imortalidade", recuperando gravação de jornalista feita em sessão mediúnica com o médium espírita Chico Xavier no dia 3 de junho de 1955, no Centro Espírita Luiz Gonzaga, em Pedro Leopoldo. De maneira espontânea e informal, ao receber uma delegação de visitantes portugueses, Chico Xavier passa a identificar espíritos presentes e fazer relatos sobre eles e a relação com os visitantes. Episódio que comprova o potencial mediúnico de Chico.

Em função de nossa militância no movimento espírita e dos estudos continuados, desde cedo nos dedicamos à elaboração de artigos para periódicos espíritas e de livros.

Em várias viagens doutrinárias que fizemos à Europa procuramos conhecer cidades e logradouros descritos nos romances de Emmanuel. Estes registros, acrescidos do significado histórico dos mesmos, incluímos em outras obras nossas, até para ilustrar análises doutrinárias.[97]

Principalmente os livros que lançamos após a nossa saída da direção da FEB, com diferentes objetivos, estão sempre fundamentados na Codificação de Allan Kardec e nas obras psicográficas de Chico Xavier.

Em *Epístolas de Paulo à luz do espiritismo* (Ed. O Clarim, 2016) as obras de autoria de Emmanuel - romances históricos e comentários de versículos - inspiram as análises que fazemos da vida e epístolas do grande apóstolo. Destacamos que dos vários livros de autoria deste espírito de estudos sobre cerca de 1.300 versículos do Novo Testamento, predominam capítulos sobre as epístolas de Paulo. Podemos afirmar que Emmanuel é o principal comentarista do Novo Testamento na área da literatura espírita!

No livro *Centro espírita. Prática espírita e cristã* (Ed. USE, 2016), os fundamentos para o funcionamento dos centros são alicerçados em Allan Kardec, nas várias obras psicográficas e exemplos de vida de Chico Xavier. Este missio-

---

97. Carvalho, Antonio Cesar Perri. *Em ações espíritas*. Araçatuba: Ed. Cocriação/Use Regional de Araçatuba. 2017; Idem. *Cristianismo nos séculos iniciais. Análise histórica e visão espírita*. Matão: O Clarim. 2018.

nário sempre foi atento à orientação de Emmanuel, de ser fiel a Jesus e a Kardec. Chico incansavelmente praticava e recomendava a simplicidade e o atendimento a todas as pessoas que procuram consolo e esclarecimentos.

No estilo de relatos de vivências, *Em ações espíritas* (Ed. Cocriação/USE Regional de Araçatuba, 2017) incluímos também observações relacionadas com Chico Xavier, Yvonne A. Pereira, Divaldo Pereira Franco, Bezerra de Menezes, e a "*A proposta de amar e servir de Mário Barbosa.*" Esta proposta se fundamenta em obras de Kardec e de Chico Xavier para nortear a ação fraternal como linha mestra de atuação nos centros espíritas.

Em *União dos espíritas. Para onde vamos?* (Ed. EME, 2018), analisamos algumas questões sobre o tema, alicerçando-nos em mensagens psicografadas por Chico Xavier, suas opiniões expressas em diversos momentos, como: "[...] deveríamos refletir em unificação, em termos de família humana..."; e trazemos à lume algumas perplexidades que ele viveu na relação com algumas instituições. É bom termos conhecimento que até Chico Xavier passou por momentos difíceis em ações e contatos com instituições espíritas.

Em obra de estudo, *Cristianismo nos tempos iniciais. Análise histórica e visão espírita* (Ed. O Clarim, 2018) nos baseamos em textos de consagrados autores dedicados às pesquisas sobre o Império Romano, sobre o cristianismo inicial, e, acrescentamos a fundamentação espírita, notadamente com base nas obras de autoria de Allan Kardec e nos romances históricos do espírito Emmanuel, psicografados por Francisco Cândido Xavier.

Nos livros citados há recomendações para a vida pessoal, para as atividades do centro espírita e para o movimento espírita. E a vida e obra de Chico Xavier é um significativo referencial!

O estudo e a difusão dos temas espíritas são valorizados por Emmanuel:

"Certamente é dever nosso criar e desenvolver todos os recursos humanos que nos sustentem e dignifiquem a vida na Terra de hoje; todavia, quanto nos seja possível, auxiliemos a manutenção e a difusão do livro espírita que nos sustenta e dignifica a vida imperecível, libertando-nos da sombra para a luz, no plano físico e na esfera espiritual, aqui e agora, depois e sempre."[98]

98. Xavier, Francisco Cândido. Espíritos diversos. *Caminho espírita*. Cap.15. Araras: IDE. 1967.

2.17

RECONHECIMENTOS DO PODER PÚBLICO

POR OCASIÃO DA DESENCARNAÇÃO de Chico Xavier foi decretado luto oficial em Uberaba e no Estado de Minas Gerais ocorreram manifestações de diversas autoridades, inclusive do presidente da República Fernando Henrique Cardoso:

"Grande líder espiritual e figura querida e admirada pelo Brasil inteiro, Chico Xavier deixou sua marca no coração de todos os brasileiros, que ao longo de décadas aprenderam a respeitar seu permanente compromisso com o bem-estar do próximo."

Desde a época da partida de Chico Xavier para o mundo espiritual são continuadas as repercussões oficiais.

Pedro Leopoldo - sua terra natal - dispõe da Praça Chico Xavier, e há inúmeras homenagens com seu nome em logradouros públicos, em instituições espíritas. Em abril de 2014, como presidente da FEB, comparecemos para a inauguração de um novo monumento nessa praça, em bronze: Chico sentado em um banco de praça.

Em Uberaba, defronte ao Grupo Espírita da Prece, no meio de uma rotatória, há um busto de Chico Xavier.

Em Uberaba, há placas de trânsito indicando a direção do Grupo Espírita da Prece.

Seu nome designa logradouros públicos em várias cidades do Brasil.

O trecho da rodovia federal BR-050, entre a divisa dos Estados de São Paulo e Minas Gerais e a divisa dos Municípios de Uberaba com Uberlândia, recebeu o nome de Chico Xavier, com base na Lei Nº 12.065, de 29 de outubro de 2009, sancionada pelo presidente da República em exercício José Alencar Gomes da Silva (vice-presidente originário do Estado de Minas Gerais).

Instituída em 1999 pelo Governo do Estado de Minas Gerais, a "Comenda da Paz Chico Xavier" é uma condecoração outorgada anualmente em homenagem a pessoas físicas ou jurídicas que trabalham pela paz e pelo bem-estar social. Idealizada pelo político Paulo Piau, foi instituída pela Lei 13.394/1999, por decreto do então governador de Minas Gerais, Itamar Franco. A Comenda "Tem como fundamento uma visão abrangente: contribuições de realce em prol da compreensão e da tolerância social, política e religiosa entre os homens; da fraternidade entre as pessoas, seus grupos sociais ou Nações. E, nesse sentido, ela abrange toda conduta que se volte para esse objetivo nos campos do pacifismo, literário, artístico, cultural, na realização de pesquisas científicas e tecnológicas; no combate à fome e à miséria; no fortalecimento ou desenvolvimento espiritual da humanidade, em linhas gerais, por todas as ações que busquem promover a dignidade humana."

Entre os homenageados com a Comenda da Paz Chico Xavier, Arnaldo Rocha e Marlene Rossi Severino Nobre a receberam no dia 25 de março de 2011, em Belo Horizonte, em cerimônia presidida pelo vice-governador Alberto Pinto Coelho Júnior. Nestor João Masotti recebeu-a no último ano do seu exercício como presidente da FEB, no dia 2 de março de 2012, em Uberaba, das mãos do Deputado Narcio Rodrigues representando o Governador Antonio Anastasia. No ano seguinte, fomos agraciados com a Comenda da Paz Chico Xavier, recebendo-a das mãos do governador de Minas Gerais Antonio Anastasia, em Sessão Solene no dia 8 de março de 2013, em Uberaba. Na época ocupávamos a presidência da FEB.

Desde 23 de setembro de 2016 funciona em Uberaba o Memorial Chico Xavier, criado pela Lei Municipal nº 12.448/2016 e de responsabilidade da Fundação Cultural de Uberaba.

Poucos vultos brasileiros são alvos desses reconhecimentos oficiais envolvendo esferas municipais, estadual e federal.

A grande diferença é que em cada homenagem emana a imagem de um homem do bem e da paz!

2.18

CONTINUIDADE DAS INSTITUIÇÕES FUNDADAS POR CHICO XAVIER

NO DESENVOLVIMENTO DO CONTEÚDO do livro já nos referimos à continuidade de instituições que foram fundadas por Chico Xavier, como o pioneiro e histórico Centro Espírita Luiz Gonzaga, em Pedro Leopoldo. O local onde ocorriam as reuniões mediúnicas do Grupo Meimei foi institucionalizado como Centro Espírita Meimei. Uma das residências que viveu Chico Xavier naquela cidade transformou-se na "Casa de Chico Xavier", excelente museu que funciona desde 2006, organizado por Geraldo Lemos Neto. Entre outros objetos e documentos, ali há cerca de 200 livros sobre Chico Xavier, inclusive esta obra de nossa autoria, lançada em 1997.

A primeira instituição fundada por Chico Xavier em Uberaba, a Comunhão Espírita Cristã, prossegue em suas atividades, inclusive com a Editora CEC que publica vários livros do médium. Naquele local Chico atuou de 1959 até o início de 1975.

Visitamos Chico Xavier na Comunhão e no Grupo Espírita da Prece, logo após sua fundação em 1975.

Após a desencarnação de Chico, estivemos algumas vezes em Uberaba, sempre recepcionado por Eurípedes Humberto Higino dos Reis, presidente do Grupo Espírita da Prece, e por Neusa de Assis, a Donda, e visitamos as atividades assistenciais, a Casa de Memórias e Lembranças Chico Xavier e a Livraria. Estes últimos funcionam no espaço que inclui a casa em que residiu o médium, onde o visitamos inúmeras vezes durante muitos anos. A Livraria Francisco Cândido Xavier, criada por Eurípedes também edita vários livros, reunindo as últimas mensagens psicografadas por Chico Xavier.

As atividades do Grupo Espírita da Prece prosseguem com várias reuniões semanais, tal como realizava Chico, sob a coordenação de Eurípedes, apoio continuado de Donda e colaboração de companheiros dedicados. A mesa é composta por colaboradores e visitantes que comentam as páginas lidas no início da reunião de *O Livro dos Espíritos* e de *O Evangelho segundo o Espiritismo*.

A cada momento que retornamos à sede desse Grupo, passam em nossa mente muitas lembranças gratificantes e extremamente valorosas.

Passados vários anos, homenageamos Eurípedes e Donda que, como autênticos discípulos, deram prosseguimento com muito afinco às atividades do Grupo Espírita da Prece, tarefa que consideramos nada fácil, após a partida do marcante benemérito e líder espiritual, o incomparável Chico Xavier.

Consideramos oportuna a consideração de Emmanuel:

"Os Amigos Espirituais auxiliam aos companheiros encarnados na Terra, em toda parte e sempre, sobretudo, com alicerces na inspiração e no concurso indireto. Serviço no bem do próximo, todavia, será para todos eles o veículo essencial. [...] Permaneça o tarefeiro na tarefa que lhe cabe e os emissários do Senhor encontrarão sempre meios de lhe prestarem assistência e cooperação."[99]

Visita do autor ao Grupo Espírita da Prece, dirigido por Eurípedes Humberto Higino dos Reis, em Uberaba, outubro de 2018.

99. Xavier, Francisco Cândido. Espíritos diversos. *Coragem*. Cap. 48. Uberaba: CEC. 1971.

2.19

O "HOMEM AMOR"

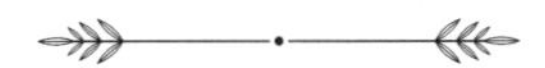

EM FUNÇÃO DE TRÊS efemérides marcantes: 75 anos de fundação do Centro Espírita Luiz Gonzaga e da primeira psicografia de Chico Xavier, 70 anos da publicação de *Parnaso de além-túmulo* –, elaboramos artigos para dois periódicos espíritas que, ao serem publicados, coincidiram com a época da desencarnação de Chico Xavier, ocorrida em Uberaba no dia 30 de junho de 2002.

Eis um trecho de artigo nosso daquela época:

"Os 75 anos do início dos labores mediúnicos de Chico Xavier, iniciados aos 8 de julho de 1927, e os 70 anos da publicação de sua obra psicográfica inaugural, devem merecer a nossa homenagem reconhecida e a nossa reflexão pelo fato de sermos contemporâneos e beneficiários de obra com potencial de imensas consequências espirituais para a Humanidade."[100]

Passados vários anos após a partida de Chico Xavier para o mundo espiritual, seus exemplos e obras psicográ-

---

100. *Revista Internacional de Espiritismo*. Ano 77, no. 6, julho de 2002. P. 298-299.

ficas prosseguem bem vivos no seio não apenas da seara espírita, mas junto à população brasileira.

Destacamos algumas repercussões que vivenciamos, e também que tivemos oportunidade de divulgar em forma de palestras e publicações em várias instituições do Brasil e do exterior. Continuadamente somos convidados para abordarmos temas sobre a vida e a obra de Chico Xavier em várias partes do Brasil.

Há muitas frases que identificam a maneira de ser de Chico Xavier. Reproduzimos uma que externa também as reações do médium frente às críticas e momentos difíceis que soube superar em sua longa existência:

"A Doutrina é de paz... Emmanuel tem me ensinado a não perder tempo discutindo. Tudo passa... As pessoas pensam o que querem a meu respeito – pensam e falam. Estou apenas tentando cumprir com o meu dever de médium. [...] Devo prosseguir trabalhando. [...] Já saio da cama com muito serviço, e é assim o dia todo. Lamento os companheiros que ainda não descobriram a alegria de viver de espírito desarmado. Depois, eles se queixam de depressão, falta de fé... Graças a Deus, nunca briguei com ninguém..."[101]

Ao refletirmos sobre a vida e a obra do notável vulto espírita e do Brasil e as repercussões que se ampliam vêm à nossa mente o fato belíssimo que assistimos nas comemorações dos 100 anos de seu nascimento, defronte ao Centro Espírita Luiz Gonzaga, em Pedro Leopoldo: o voo em autêntico bailado das pombas brancas e cinzentas.

É inimaginável o quanto Chico Xavier e suas obras fize-

101. *Agenda Chico Xavier 2019*. Capivari: Ed. EME. 2018.

ram pela "[...] libertação das almas iluminadas pelo Evangelho à luz do espiritismo, que por aqui estiveram, ao se desprenderem do corpo físico", e, complementamos com a multidão incalculável de encarnados enlaçados pelo acolhimento fraterno, pelo consolo e pelos esclarecimentos de que ele foi protagonista exemplar.

Embora, certamente, não fosse o desejo do médium, sempre simples e humilde, as repercussões de sua vida e as homenagens de que é alvo representam o reconhecimento à história de vida de um homem voltado ao bem, do "homem amor"!

VOCÊ PRECISA CONHECER

UNIÃO DOS ESPÍRITAS - PARA ONDE VAMOS?

Antonio Cesar Perri de Carvalho

Estudo | 14x21 cm | 144 páginas

Inusitados fatos relacionados à Federação Espírita Brasileira culminaram no chamado "pacto áureo". Sérias críticas a esse documento, porém, dividiram ainda mais o movimento espírita. Esta obra analisa este e outros fatos em busca de propostas e ações que facilitem a disseminação dos ensinos doutrinários.

CHICO XAVIER – DE ENCARNAÇÃO A ENCARNAÇÃO

Therezinha Radetic

Estudo | 14x21 cm | 200 páginas

Lá se vão mais de quinze anos de sua partida, mas os amigos de Chico Xavier não o esquecem. Desta vez é a professora de música, cantora e poetisa Therezinha Radetic que presta sua homenagem ao querido médium mineiro em mais um belo lançamento da **Editora EME,** *Chico Xavier de encarnação a encarnação.*

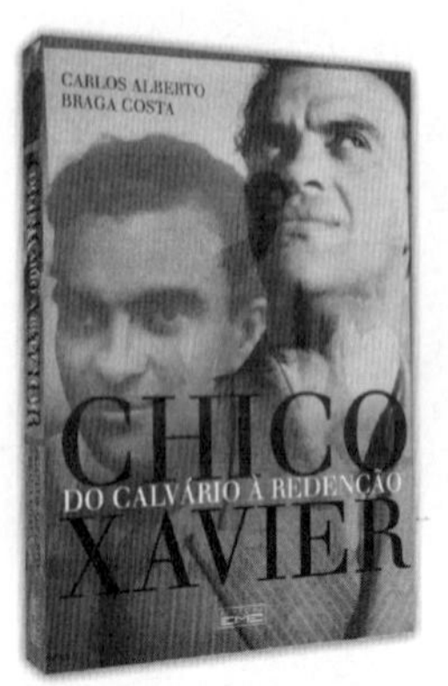

CHICO XAVIER – DO CALVÁRIO À REDENÇÃO

Carlos Alberto Braga

No livro *Do calvário à redenção*, o autor reedita o estilo de escrita hibrida em diálogos, narrativas e impressões que foram registradas por sua sensibilidade criteriosa e poética, num formato palatável e inovador.

Não encontrando os livros da EME na livraria de sua preferência,
solicite o endereço de nosso distribuidor mais próximo de você através de
Fones: (19) 3491-7000 / 3491-5449
(claro) 9 9317-2800 (vivo) 9 9983-2575
E-mail: vendas@editoraeme.com.br – Site: www.editoraeme.com.br